Nikolaus Drebinger

Die klingende Seite der Rhetorik

Ein Übungsbuch für Stimme, Sprechen, Sprachgestaltung

inkl.
Video-CD-ROM

Auer Verlag GmbH

Gedruckt auf umweltbewusst gefertigtem, chlorfrei gebleichtem
und alterungsbeständigem Papier.

1. Auflage. 2003
Nach der Neuregelung der deutschen Rechtschreibung

Satz: Fotosatz H. Buck, Kumhausen
Druck und Bindung: Ludwig Auer GmbH, Donauwörth
ISBN 3-403-0**3862**-9

Inhalt

Vorwort

Das Verständnis an der Sprache
ist nicht das Wort selber,
sondern Ton, Stärke, Modulation, Tempo,
mit denen eine Reihe von Wörtern
gesprochen wird – kurz,
die Musik hinter den Worten,
die Leidenschaft hinter der Musik,
die Person hinter der Leidenschaft.
Alles das also,
was nicht geschrieben werden kann.

Friedrich Nietzsche

Sprache ist in erster Linie ein Mittel akustischer, nicht visueller Kommunikation. Ihr Usprung ist die menschliche Fähigkeit, Gedanken in Laute umzusetzen, ihr Medium wiederum ist die Stimme.

Gesprochene Sprache unterscheidet sich von geschriebener Sprache; sie bedient sich einer Vielzahl klanglicher Parameter, um Informationen zu übermitteln. Sie bedarf nicht so vieler Worte wie ihre visuelle Adaption, hängt aber von der „musikalischen" Sensibilität von Sender und Empfänger, von Sprecher und Hörer ab. Beider Beziehung entscheidet sich auf dieser akustischen Ebene. Der emotionale stimmliche Ausdruck erweckt das Wort erst zum Leben. Einerseits sind wir in unserer Zeit permanent oberflächlicher Redeberieselung in den audiovisuellen Medien ausgesetzt, andererseits überwiegt die Bedeutung der geschriebenen Sprache in Ausbildung und Beruf: digitale, emotionslose Kodifizierung im Dienst juristischer Eindeutigkeit, anstelle von analoger Kommunikation auf verschiedenen, geistigen wie klanglichen Ebenen.

An unseren Schulen und Hochschulen wird mehr der Umgang mit geschriebener als mit gesprochener Sprache gelehrt, da Geschriebenes leichter bewertbar zu sein scheint.

Klingende Sprache aber ist lebendige Sprache, und lebendige Sprache bedeutet lebendige Beziehung. Diese lebendige Sprache und Kommunikationskultur zu vermitteln ist eine bedeutsame Aufgabe, die uns Lehrerinnen und Lehrern zukommt.

Vorwort

Die Aufgabe aber ist nicht leicht zu bewältigen, da wir selbst den professionellen Umgang mit der Stimme, die Technik des Sprechens und die Kunst der überzeugenden Rede nicht gelernt haben. Wir haben es nicht gelernt, obwohl wir in unserem Beruf selbst tagtäglich auf die Stimme angewiesen sind und mit ihr mehr denn je Höchstbelastungen standhalten müssen. Darüber hinaus sollen wir in der Lage sein, mit dieser Stimme erzählen, aber auch klare Anweisungen geben, Vertrauen wecken, aber auch Akzente setzen zu können und dies alles, ohne dass wir und unsere Stimme Schaden nehmen. Denn nur wenn wir uns wohlfühlen, können es unsere Schülerinnen und Schüler auch.

So mag dieses Übungsbuch eine kleine Hilfe dazu sein, dass Kolleginnen und Kollegen und alle, die im Beruf viel sprechen müssen, den Belastungen des Alltages besser standhalten und darüber hinaus die klangliche Vielfalt der Sprache nutzen und vermitteln können zum eigenen Wohl und zum Wohl ihrer Zuhörer.

Nikolaus Drebinger

Einführung in die Ziele

Will man Stimme und Sprechen professionell ausbilden, so hat man einen langen, mehrere Jahre in Anspruch nehmenden Weg vor sich. Genau wie beim Erlernen eines Instrumentes genügt es dabei nicht, nur Kenntnisse zu erwerben, sondern es bedarf auch ausdauernden Übens. Die dafür nötige Zeit lässt einem der Berufsalltag wohl kaum.

Deswegen möchte das vorliegende Buch Wege zeigen, die auch ohne jahrelange „Wanderschaft" näher an das Ziel des professionellen Sprechens heranführen. Wie weit man sich diesem Ziel nähert, hängt freilich von der Anstrengung des Einzelnen ab. Aber auch wer nur kurze Etappen geht und einzelne am Wege liegende Teilziele erreicht, tut schon viel für seine Stimme, sein Sprechen und für seine Zuhörer.

Dabei bringen viele von unterschiedlichen Punkten ausgehende Wege den Leser dem Ziel näher: Er kann seine Stimme trainieren und stärken, er kann aber auch seine Sprechtechnik verbessern und so seine Stimme schonen oder seine Sprache nach klaren Formen so gestalten, dass er beim freien Sprechen immer über der Sache steht und die Konzentration auf die Inhalte die Stimme nicht belastet. Daher ist es zwar der übliche, aber nicht der einzige Weg in diesem Übungsbuch für **Stimme, Sprechen, Sprachgestaltung** mit den Stimmübungen zu beginnen. Mit einer Verbesserung seines Redeumfeldes, einer wichtigen Voraussetzungen für eine *„musikalische" Rede,* muss man nicht warten bis man am Ende des Buches angelangt ist. Steht gerade ein Vortrag an, so sucht man natürlich gleich ein übersichtliches Formmodell, um frei und etwas befreiter sprechen zu können. Und wer mitten im Beruf steht, wird sich erst mit wenigen Übungen beschäftigen und abwarten wie sie im Alltag wirken.

Damit das Mitnehmen der Erfahrungen in die realen Sprechsituationen, der Transfer von Übungsminuten in den Sprechalltag also nicht so schwer wird, gibt das Buch dem Leser „Rettungsinseln für die Stimme" mit auf den Weg. An sie wird er sich hie und da erinnern ohne gleich den ganzen Kopf nur noch mit Übungen voll zu haben.

Diese „Rettungsinseln für die Stimme" können allerdings nur helfen, wenn man praktisch erfahren hat, wie sie wirken, d.h. wenn man die dazu gehörenden Übungen oder Etüden ausprobiert und trainiert hat. So ist fast alles in diesem Buch dafür gedacht, es zum Klingen zu bringen. Ist der Leser bereit, zum „Musiker" zu werden, so helfen ihm die Übungen, die Texte und die Formmodelle und vieles mehr,

- seine Stimme leistungsfähiger zu machen,
- die Artikulation und damit
- die Verständlichkeit zu verbessern,
- die Modulationsfähigkeit zu schulen und so
- seinen Vortrag für den Zuhörer abwechslungsreicher und damit interessanter zu gestalten und
- seine Rede klar zu gliedern und auf diese Weise
- akustisch nachvollziehbar und einprägsam zu sprechen, kurz: ein Redner zu werden.

Einführung in den Aufbau

Auch wenn es dem Phänomen Stimme in seiner Ganzheitlichkeit nicht gerecht wird, soll, wie in zahlreichen Veröffentlichungen, der Vergleich zum Musikinstrument gezogen werden: zum einen, um die „Bauteile" der Stimme, zum anderen, um die Übungen übersichtlicher darstellen zu können. Auf diese Weise ist eine Katalogisierung der Übungen nach Trainingsfeldern möglich, also nach Übungen für

- Haltung,
- Atmung,
- Artikulation und
- Vokalisation.

Einführung

In der Praxis wird jedoch sofort deutlich, dass hier um der Übersichtlichkeit willen etwas geteilt wurde, was eigentlich unteilbar ist; folglich trainieren die einem Bereich zugeordneten Übungen meist mehrere Teile des „Instruments" gleichzeitig.

Im Vergleich mit dem Instrument mag der Leser auch die didaktischen Schritte dieses Buches nachvollziehen können:

- so beginnen wir mit der Pflege und „Stimmung" (= Einstimmung) des „Instrumentes",
- nutzen dazu „Fingerübungen" (= Stimmübungen),
- beschäftigen uns exemplarisch mit einzelnen Problemen der musikalischen Interpretation anhand ausgesuchter „Etüden" (= Sprechtexte) und
- lernen schließlich in „musikalischen Formen" (= Redemodellen) zu „komponieren" und
- diese „Kompositionen" vorzutragen.

Um auf dem sensiblen und ausdrucksvollen „Instrument" Stimme professionell „spielen" zu können, ist es nötig mit allen Sinnen, mit voller Konzentration und mit dem ganzen Körper zu lernen.

Hören Verstehen Üben

- Deswegen kann der Leser alle Übungen auf einer CD-Rom ansehen und vor allem an**hören**. Viele Kapitel beginnen mit einer Sensibilsierungsaufgabe um nach innen zu „**hören**", also zu spüren, was im Körper vorgeht.

- Außerdem helfen kurze pysiologische und inhaltliche Beschreibungen um zu **verstehen**, was man tut und warum man es tut.
- Aber erst das praktische **Üben** verbessert Stimme, Sprechen und die Rede. Deswegen nehmen die Übungen den meisten Raum in diesem Buch ein.

Einführung in die Stimmphysiologie

Der Vergleich mit der Orgel zeigt in vereinfachter Weise die nötigen „Bauteile" des „Instrumentes" Stimme: Dem Blasebalg der Orgel entsprechen die Lunge und die sie bewegenden Muskeln, der Zunge einer Zungenpfeife, also einem periodisch schwingenden Teil, die Stimmlippen im Kehlkopf und dem Pfeifenrohr, also dem klangformenden und -verstärkende Teil (Resonator), der Raum über dem Kehlkopf. Dieses so genannte „Ansatzrohr" setzt sich aus Rachen-, Mund- und Nasenraum zusammen.

Die Lungen, die in ihrer lebenswichtigen Primärfunktion für den Gasaustausch angelegt sind, haben auch für die Stimme eine wichtige Funktion: sie geben Atemluft über die Luftröhre ab. Da sich bei der Tongebung die Stimmlippen, die sich am oberen Ende der Luftröhre befinden, schließen, die Luft also nicht wie beim Atmen passieren lassen, staut diese sich unterhalb des Kehlkopfes – es kommt zu einem Überdruck. Ist dieser Überdruck stärker als die Spannung der Stimmlippen, so öffnen sich diese, es entweicht etwas Luft, der Druck fällt ab, die Stimmlippenspannung überwiegt wieder und die Stimmritze (Glottis) schließt sich, der Prozess kann von neuem beginnen. Es entsteht ein periodischer Vorgang, der die Luft im Ansatzrohr in Schwingung versetzt und so einen Ton erzeugt.

Einführung

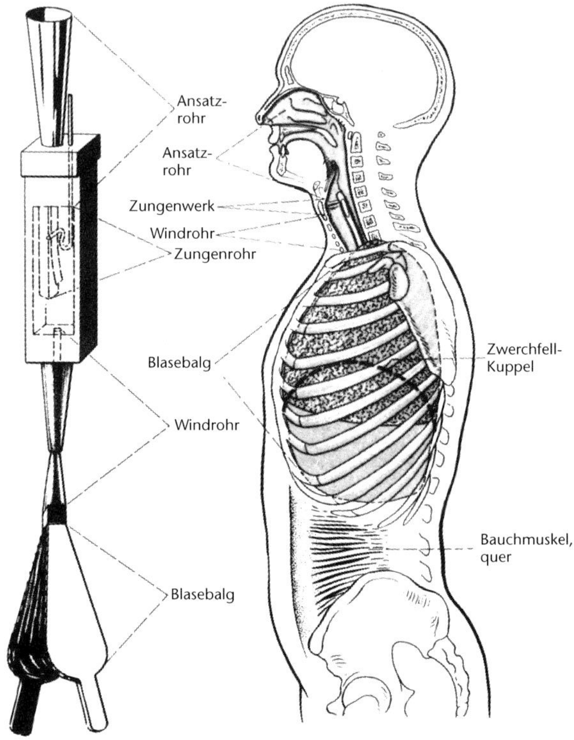

Vergleich der zur Phonation benutzten Organe mit einer Orgelpfeife; nach E. Barth (aus: Günther Habermann, Stimme und Sprache. Eine Einführung in ihre Funktion und Hygiene, © Georg Thieme-Verlag, 3. Auflage, Stuttgart 2001)

Anders als beim Instrument können die Räume des Ansatzrohres ihre Form verändern und dadurch, im Zusammenspiel mit der Schwingungsform der Stimmlippen, die Schallparameter (Stärke, Dauer, Höhe, Farbe) in vielfältiger Weise modifizieren. In der Sprache werden durch diese Formungen die verschiedenen Vokale gebildet. Das Ansatzrohr bietet aber auch die Möglichkeit, Verschlüsse und Engpässe herzustellen, an denen mit oder ohne Stimmeinsatz sich entweder die Luft staut und explosionsartig entlädt oder beschleunigt wird. Es entstehen auf diese Weise die verschiedenen stimmhaften oder stimmlosen Konsonanten.

Während die Form des Ansatzrohres Farbe und Volumen des Klanges bestimmt, hängen Tonhöhe und Lautstärke von der Schwingungsform der Stimmlippen ab. Spannung und Form der Stimmlippen lassen sich dabei auf unterschiedliche Weise verändern: durch Kontraktion der Stimmlippenmuskeln, Drehbewegung der Stellknorpel (ähnlich der Wirbel der Geige) oder durch eine Kippbewegung des Ringknorpels zum Schildknorpel hin (Spitz bei Männern als „Adamsapfel" zu fühlen). Je nach Tonhöhe und Lautstärke zeigen die Stimmlippen also verschiedene Formen und schwingen in unterschiedlicher Masse.

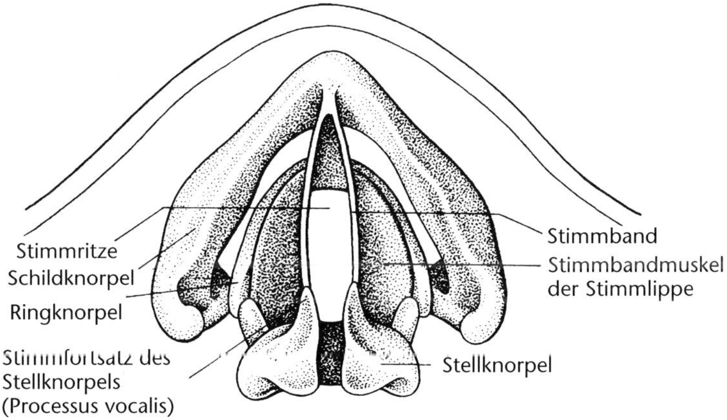

aus: Günther Habermann, Stimme und Sprache. Eine Einführung in ihre Funktion und Hygiene, © Georg-Thieme-Verlag, 3. Auflage, Stuttgart 2001

Der Schwingungsablauf der Stimmlippen gleicht im Prinzip der Vibration der Lippen beim Spielen eines Blechblasinstrumentes. Das Zusammenspiel Atemdruck – Stimmlippenspannung und -schwingung lässt sich sehr schön mit der Übung „Brummlippe" (s. S. 35) nachvollziehen.

Einführung in die Risikofaktoren für die Stimme

Der Klang unserer Stimme hängt von den verschiedensten Faktoren ab. Wie unser Aussehen ist er mit unserer Anatomie verbunden, mit der Form des Ansatzrohres und der Resonanzräume, mit der Größe und Kraft unseres Kehlkopfes und mit der Elastizität unseres Gewebes. Allerdings hat sich unser Stimmklang innerhalb der anatomisch vorgegebenen Grenzen auch entwickelt. Diese Entwicklung ist vom Stimm- und Sprachgebrauch abhängig, also vom Training. Die Entwicklung ist aber auch regional beeinflusst, durch Dialekte und sprachliche Eigenarten. Einerseits gibt die Stimme unserer Sprache ihr individuelles Klangbild, andererseits beeinflusst unsere Sprechweise auch unsere Stimmentwicklung.

Hört man sich das erste Mal in einer Aufnahme, ist man befremdet. Nur wenige Sprecher können sich gleich mit ihrer Stimme anfreunden. Dies ist jedoch ein reines Hörproblem, kein Stimmproblem (d.h. das Problem, dass wir nicht gewohnt sind uns zu hören, bzw. uns über die Knochenleitung anders auditiv wahrnehmen). „Kosmetische“ Veränderungen an der Stimme sollte man deswegen nicht vornehmen.

Anders ist die Situation zu beurteilen, wenn eine stimmliche Fehlentwicklung vorliegt, also bei geringer Belastbarkeit und schnellem Ermüden, ständiger Heiserkeit oder eingeschränkter Modulationsfähigkeit.

Dabei ist zu unterscheiden, ob bereits pathologische Veränderungen festzustellen sind, oder ob es sich nur um Einschränkungen aufgrund unphysiologischen Gebrauches der Stimme handelt. Die genaue Abgrenzung kann nur der HNO-Arzt bzw. Phoniater vornehmen. Bei ständiger Heiserkeit ist daher ein Besuch beim Arzt auf jeden Fall anzuraten. Auch schon die häufig beklagte Einschränkung des Tonumfanges beim Singen weist bereits auf eine einseitige Belastung der Stimmorgane hin. Im Lehrberuf ist diese Einschränkung in den meisten Fällen durch die folgenden Faktoren verursacht:

- die Artikulationsorgane (Kiefer, Zunge, Gaumen ...) sind verspannt
- es wird nicht vorne artikuliert, also auch Muskulatur im Halsbereich in die Artikulationsimpulse miteinbezogen
- die Verspannung überträgt sich auf die Aufhängemuskulatur des Kehlkopfes
- es wird zu laut gesprochen
- die Lautstärke wird durch Atemdruck auf die Vokale und damit unmittelbar auf die Stimmlippen erzeugt und nicht durch Atemspannung auf den Verschluss- oder Reibelauten
- die Stimmlippen verspannen und können nicht mehr in voller Länge und Breite schwingen. Dadurch entsteht „Mono-tonie", d.h. die Stimmlippenmuskeln setzen dem Atemdruck immer den gleichen Muskeltonus entgegen und sind nicht mehr in der Lage, die Tonhöhe zu variieren. Als Folge klingt die Stimme „eintönig", also „monoton".

Was sich durch diese Verspannungen im Schwingungsablauf verändern kann und welche Ausfälle dadurch zu hören sind, sei kurz am folgenden Querschnitt des Kehlkopfes und der Stimmlippen dargestellt. Dieser Querschnitt zeigt, wie sich die Luftröhre zum Kehlkopf hin verjüngt; die Stimmlippen schließen sie scheinbar ab. Während der Tonerzeugung schwingen die Stimmlippen nach oben und kehren in ihre Ausgangslage zurück.

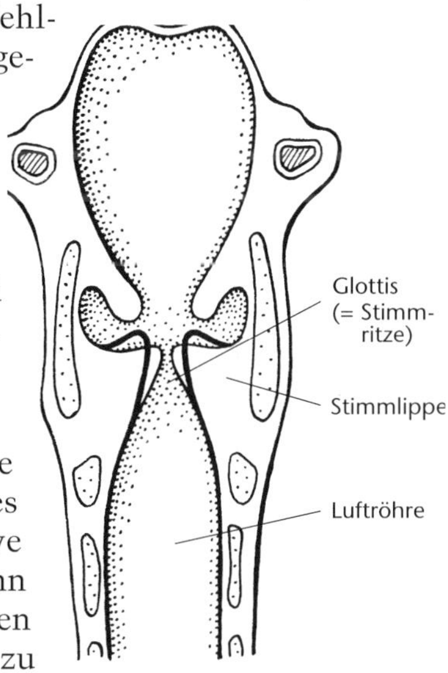

Gleichzeitig ist bei der gesunden Stimme eine Verschiebung der Schleimhaut zu beobachten. Die Schleimhaut vollführt während des Schwingungsvorganges eine passive Wellenbewegung, ähnlich, wie wenn man einem Seil an einem Ende einen Impuls gibt. Wie in der Abbildung zu sehen, ist diese so genannte *„Randkantenverschiebung"* die Gewähr dafür, dass die Stimmlippen fast in jeder Phase eines Schwingungsablaufes geschlossen sind und daher wenig Luft verloren geht.

Ist diese Schleimhaut nun durch irgendwelche Einflüsse (Infektion, Rauchen, Überbelastung, ...) verändert und nicht mehr so leicht beweglich, so ist die offene Phase der Stimmritze verlängert oder die Stimmlippen schließen gar nicht mehr. Es ist sogenannte „wilde Luft" zu hören, also Heiserkeit. Auch bei Verspannungen geht diese *Randfunktion* zusammen mit der Elastizität und Weichheit der Stimme verloren.

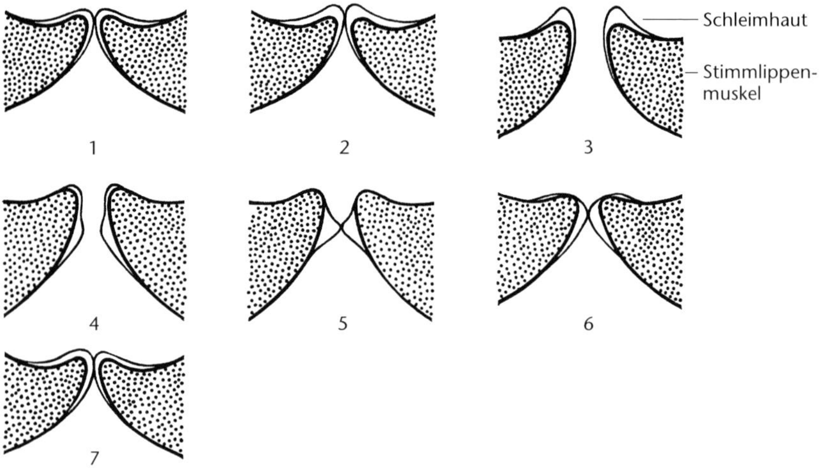

Bei der gesunden und voll einsatzfähigen Stimme ist diese Wellenbewegung in allen Tonhöhenbereichen zu beobachten. Ebenso zu beobachten ist auch dass die Stimmlippen bei tiefen Tönen mit größerer Masse und bei steigender Tonhöhe mit weniger Masse schwingen. Die Größe der Schwingung sowohl der Stimmlippen als auch der Randkantenverschiebung nimmt mit zunehmender Tonhöhe ab, fällt jedoch nie ganz aus. Auch die Lautstärke und die

Einführung

Klangformung beeinflusst die zwei Schwingungsprinzipien: bei kräftigen, strahlenderen und eher offenen Klängen (a, ä, e, i) ist mehr Bewegung der Stimmlippenmuskeln und weniger Randkantenverschiebung zu beobachten, bei leisen, weichen und eher geschlossenen Klägen (u, o) weniger Bewegung der Stimmlippenmuskeln, aber immer noch die Randkantenverschiebung.

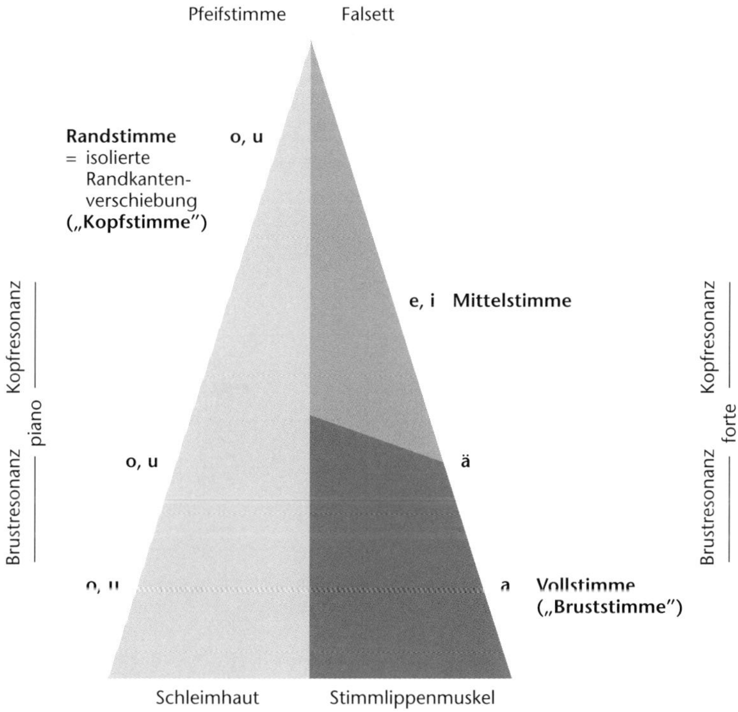

Beim Singen, aber auch beim Sprechen ist es von entscheidender Bedeutung, dass die Schwingungsabläufe nicht unterbrochen werden. Solche Unterbrechungen entstehen z.B. durch das Ungleichgewicht von Stimmlippenspannung und Atemdruck bei Veränderung von Tonhöhe, -stärke oder Klangfarbe, aber auch durch den Einfluss von Artikulationsverspannungen.

Einführung

Viele Stimmen sind durch Gewohnheitsprozesse so eingeschränkt, dass bedstimmte Funktionen in bestimmten Tonlagen, oder bei bestimmten dynamischen Anforderungen ganz ausfallen. Im Vergleich zur vorangegangenen Grafik zeigen die folgenden Abbildungen und Beschreibungen solche Ausfallerscheinugnen der Schwingungsvorgänge und die daraus jeweils resultierenden Stimmklänge.

Tabellarische Übersicht über Stimmdispositionen

graphische Darstellung

I. **Verhauchte Stimme**
leise Stimme, ohne „Kern“,
Beiluft, oft psychisch bedingt

II. **Stimme mit voneinander isoliertem Kopf- und Brustregister**
deutlicher „Knacks“ hörbar,
bei aufsteigender Melodie
oft Überziehen des Brustregisters

III. **Gut disponierte Stimme**
bereits Registermischung
crescendofähig in jeder
Tonlage

IV. **Stimme ohne Randfunktion**
harter Klang, in der Höhe
grell, schreiend,
kein piano möglich

V. **Stimme mit isoliertem, hochgezogenem Brustregister**
hart, schnarrend,
Tongebung mit Überdruck

Ausfälle in der Schwingung der Stimmlippenmuskeln

Ausfälle in der Schwingung der Schleimhaut (= Randkantenverschiebung)

Die Modulationsfähigkeit, also auch die Singfähigkeit der Stimme ist jedoch nur in den wenigsten Fällen vollkommen verloren. Meist muss nur die Beweglichkeit wieder trainiert werden. Oft hilft es bereits, sich bei einer Singübung nach vorne gebeugt auf eine Stuhllehne zu stützen, den Kopf etwas zu senken, um eine Fixierung des Nackens zu verhindern, und durch stärkere Kieferbewegung Blockierungen der Aufhängemuskulatur des Kehlkopfes zu lösen.

Um die Geschmeidigkeit der Stimmlippenschwingung in allen Lagen, also die Weichheit des Stimmeinsatzes, oft auch als „Kopfstimmigkeit“ bezeichnet, zu erhalten, ist es notwendig, die sogenannte Randkantenschwingung zu bewahren. Für diese Geschmeidigkeit werden daher meist Übungen mit dunklen Vokalen und Klingern verwendet (z.B. „wohlige Töne“).

Übungen

Hinweise zu den Übungen

Alle Übungen sollen zusammen, auch wenn sie nach Kapiteln aufgeteilt sind, als Einheit verstanden werden (siehe Grafik). Jede Übung umfasst mehrere Übungsziele. Wichtig bei der Ausführung ist die geistige Präsenz, das heißt, man darf keine Übung nur mechanisch, also stimmtechnisch ausführen – erst durch den Ausdruckswillen und die psychische Suggestion werden sie lebendig. Aber auch die physischen Abläufe sind durch autosuggestive Vorstellungen leichter zu steuern. Deswegen findet man am Ende der Übungsbeschreibungen für diese komplexen Muskelabläufe förderliche Suggestionshilfen.

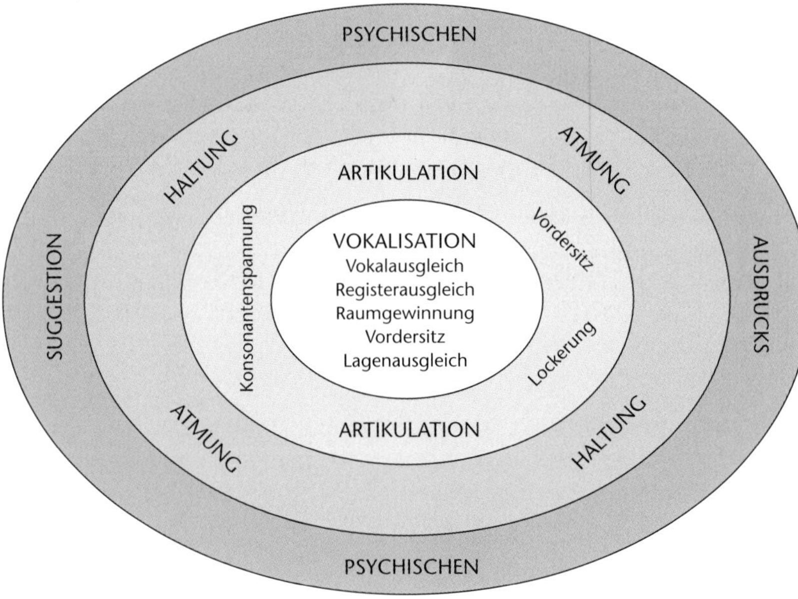

Übungen

Geistige Präsenz bedeutet „Wachheit“. Da es sich bei der Stimme um ein akustisches Phänomen handelt also: aufmerksames Hören oder Lauschen. Der Begriff „Hören“ steht daher im Folgenden für jede Form der sensiblen Wahrnehmung. Dieses „Hören“ muss nach außen wie nach innen gerichtet sein (ich „höre“ in meinen Körper „hinein“).

Wenn wir bei den Übungen aufmerksam lauschen, nehmen wir gleichzeitig eine der wichtigsten Grundeinstellungen für lockeres Sprechen ein: wir lassen den Kiefer etwas fallen, um die Gehörgänge zu öffnen und entspannen ihn so. Durch die Suggestion des Lauschens oder besser noch durch die Grundeinstellung des aufmerksamen Zuhörens wird so einer der Hauptverursacher von Stimmproblemen vermieden: die Kieferfixierung.

Wenn sich dabei der Mund wie beim Staunen zum O formt, dann überträgt sich diese Lockerheit noch auf ein weiteres von Verspannung gefährdetes Artikulationswerkzeug, nämlich die Zungenwurzel. Dies alles muss nicht konstruiert werden, sondern stellt sich durch die Suggestion des „Lauschens“ von selbst ein.

Solche nützlichen Suggestionen oder Grundeinstellungen wie das *„Lauschen“*, die man teilweise auch als Übung sprechen kann, werden als Merkhilfen manche Übungen begleiten. Sie sind die Essenz der einzelnen Übungsbereiche. Der Redner behält sie leicht im Gedächtnis bzw. im Ohr.

Übungen

- Aus den Übungen für die Haltung sollte man z.B. die Vorstellung des *In-der-Luft-Sitzens,* und
- die Einstellung des *tiefen Schwerpunkts,* der *schweren Schultern* und des *in die Höhe gestreckten Scheitels* mitnehmen,
- aus den Übungen zur Atmung die *kurzen, federnden Atemimpulse,* die durch die Konsonanten gesteuert werden und
- die *fließende Atemgebung* in Verbindung mit dem *weichen Stimmklang,*
- aus dem Übungsbereich Aritkulation die *übertriebene Kieferbewegung* und
- den *lockeren Kiefer.*
- Von den Vokalisaitonsübungen arbeitet man das *Positive aus den drei Mundstellungen* heraus und
- bleibt dabei *weich und geschmeidig* im Stimmklang.
- Um lästige „Äh's" oder stimmschädliche Stockungen zu vermeiden, versucht man, *klare Zäsuren* einzuplanen und die *Satzteile in einem Bogen zu* sprechen.
- Damit eine ganze Rede nicht nur vom Inhalt, sondern auch im Hinblick auf seine klangliche Gestaltung überzeugt, hat der Redner den *Anfang,* die *wichtigsten Aussagen* und den *Schlusssatz* nicht nur inhaltlich im Kopf, sondern die Sätze auch *wirkungsvoll ausformuliert laut geübt.*

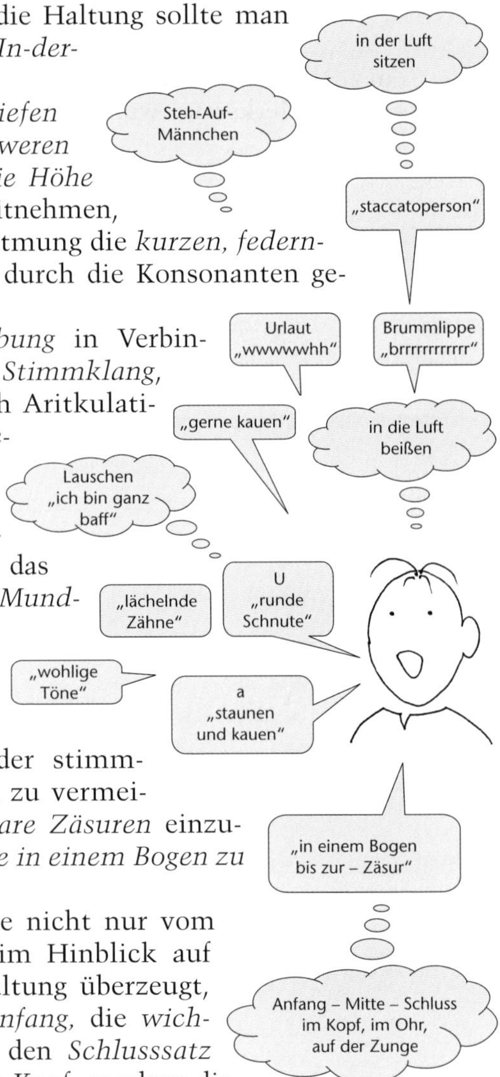

Übungen

Hat man die Übungsinhalte am eigenen Körper erfahren und die Merksätze verinnerlicht, dann kehren sie immer wieder ins Bewusstsein zurück und verhindern Fehleinstellungen. Noch präsenter bleiben die Merksätze, wenn man sie an bestimmte berufliche Vorgänge oder Handlungen bindet, z.B.:

- Immer wenn ich zur Tafel gehe, löse ich Fixierungen in den Knien und denke:
- Wenn ich Schülerinnen und Schülern zuhöre, kommt mir in den Sinn:
- Die Begrüßung spreche ich ganz bewusst mit der Einstellung:
- wenn ich sitze, bin ich ausbalanciert und wenn ich aufstehe, bleiben Oberkörper und Kopf in einer Form wie bei einem:
- jeden Arbeitsauftrag spreche ich deutlich gegliedert:

So werden die Merksätze zu **„Rettungsinseln für die Stimme“,** die der Redner im „rauhen Wind" des Berufsalltags „ansteuern" kann und im Laufe der Zeit immer mehr „festen Boden unter den Füßen" bekommt.

Übungen

Haltung

Wie beeinflusst die Haltung meinen Körper, meine Atmung, meine Stimme? Dazu „hören" wir in uns hinein.

Zuerst eine Sensibilisierungsübung im Stehen:
Beide Füße hüftbreit auseinander, den Oberkörper erhoben, führen wir Hoch-Tief-Bewegungen aus (angedeutete Kniebeugen, wie
1 beim Skifahren). Die Impulse gehen dabei in die Tiefbewegung. Wir machen die Übung so lange, bis der Atem sich beschleunigt. Dann stehen wir plötzlich in „militärischer" Haltung stramm, die Knie durchgedrückt, und beobachten unseren Atem. Wir beginnen die Bewegung von Neuem, halten wieder nach einer gewissen Dauer inne. Diesmal bleiben wir „in der Luft sitzen", d.h. wir bleiben mit abgewinkelten Knien stehen. Wir „hören" wieder auf unsere Atmung.

Beim „Strammstehen" stellen wir fest, dass der Atem kurz stockt, wir müssen nachatmen und zwar mit den Schultern, oder im oberen Bereich des Brustkorbes. Beim „in der Luft sitzen" dagegen wird der angeregte Atemfluss nicht unterbrochen, wir atmen mit Bauch und Brustkorb gleichmäßig weiter.

Nun eine Sensibilisierungsübung im Liegen:
Wir legen uns auf den Rücken, Arme und Beine auf dem Boden ausgestreckt und fühlen die Kontaktpunkte unseres Körpers mit
2 dem Boden. Wir sagen uns diese Auflagepunkte laut vor.

Jetzt winkeln wir die Beine ab, stellen also die Füße auf den Boden und fühlen wieder die Kontaktpunkte.

Dabei stellen wir fest, dass sich die Auflagefläche im Brust- und insbesondere Lendenwirbelbereich vergrößert hat.

Übungen

Und noch eine Sensibilisierungsübung im Sitzen:
Wir sitzen auf einer Stuhlkante und kreisen mit dem Oberkörper. Oberkörper, Hals und Kopf bilden dabei ein Form, d.h. der Scheitel ist erhoben, der Hals nicht abgeknickt. Allmählich vergrößern 3
wir nun die Kreise (vgl. Übung „Antenne ausfahren"). Wir halten einen Dauerton auf „wooooo" aus und hören, wie sich der Klang bei der Vorwärts,- wie bei der Rückwärtsbewegung verändert.

Während der Oberkörper in der Kreisbewegung nach hinten geneigt ist, klingt der Laut enger, angestrengter, während der Oberkörper nach vorne geneigt ist, klingt der Dauerton voller, voluminöser, lockerer.

Gleiche Erfahrungen lassen sich auch bei einer langsamen Vorwärts- Rückwärts-Pendelbewegung machen. Dabei verstärkt sich der Klang noch, wenn wir das Gewicht auf beide Füße verlagern, 4
den Oberkörper weiter nach vorne neigen, als ob wir uns vom Stuhl erheben wollten. Knicken wir allerdings beim Aufstehen den Hals nach hinten ab, wird der Ton wieder enger. Nur wenn wir während des Vorbeugens auf den Boden blicken, bleibt der Klang gleichmäßig oder gewinnt an Volumen.

Die Statue des „Tanzenden Shiva" führt uns die auch für die Phonation ideale Körperhaltung vor Augen: Die Knie sind abgewinkelt (wenn auch nicht so stark gebeugt wie beim Tänzer, so doch niemals fixiert). Dadurch werden Hohlkreuz und Spannungen im Nacken vermieden. Das Hohlkreuz vermindert die elastische Rundumspannung des Zwerchfelles, führt zu Verspannungen im Nacken- und Halsbereich und beeinträchtigt die sogenannte Kehlfreiheit (vgl. S. 32 ff Atmung/Verstehen und S. 43 ff Artikulation/ Verstehen). Das Brustbein und damit der ganze Oberkörper ist leicht erhoben, der Bauch trotzdem locker. Oberkörper und Kopf wirken „erhaben", bilden eine Form. Die Arme sind frei beweglich, beeinträchtigen nicht die Freiheit des Thorax. Während das Kreuzbein in der sitzenden Haltung einen Schwerpunkt darstellt, scheint der Oberkörper abzuheben.

Tanzender Shiva, aus: Museum Rietberg Zürich (Photograph: Wettstein & Kauf)

Übungen

Für die Praxis bedeutet das:

- Knie nicht durchdrücken!
- Brustbein leicht anheben,
- Ohne den Bauch einzuziehen
- Nacken leicht gestreckt
- das Kinn etwas gesenkt;
- Brustbein und Kinn scheinen sich anzunähern (Suggestion: Gummiband zwischen Kinn und Brustbein)
- Kreuzbein und Brustbein streben in entgegengesetzte Richtungen. Dieses (nicht erzwungene) Spannungsfeld zwischen Kreuzbein und Brustbein stellt sich ein, wenn man sich vorstellt, in der Luft zu sitzen (s. S. 22) und einen großen Ballon, der nach oben strebt, mit den Armen zu umfassen.

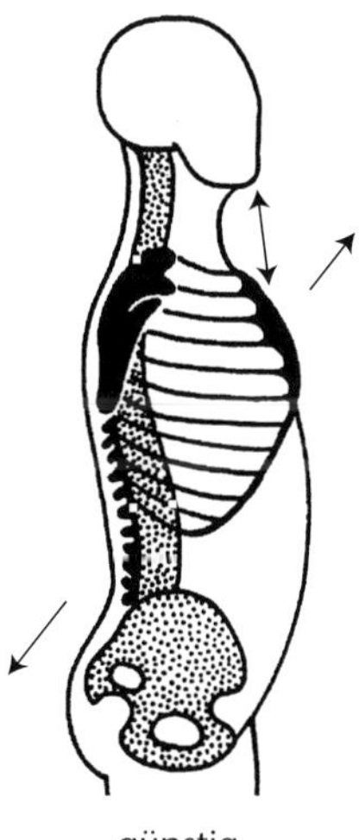

günstig

ungünstig

Fundamentales Stimmtraining

5

* *Übungsfeld:*	HALTUNG
* *Ziel:*	Entspannung der Wirbelsäule Konzentration auf das Kreuzbein
* *Übung:*	**HÄNGENDE WIRBELSÄULE**
* *Darstellung/ Ausführung:*	in Rückenlage, Beine angewinkelt, a) weichen Ball oder Reiskissen unter Kreuzbein, Wirbelsäule locker hängen lassen, leichte Massagebewegungen auf dem Ball b) ohne Ball Kreuzbein locker gegen den Boden schlagen, Wirbelsäule rollt dabei von den Brustwirbeln zu den Lendenwirbeln hin ab
* *Kontrolle:*	Bodenkontakt der Wirbelsäule vorher: nicht durchgehend nachher: durchgehend
* *Suggestion:*	a) durchhängendes Seil b) Boden plätten
* *Fehler:*	a) festhalten, nicht aufliegen b) schlagen mit Hohlkreuz

Fundamentales Stimmtraining

CD ROM 6

* *Übungsfeld:*	HALTUNG
* *Ziel:*	Brustkorbgefühl, Rippendehnung
* *Übung:*	**ANTENNE AUSFAHREN**
* *Darstellung/ Ausführung:*	auf Stuhlkante sitzend, beide Füße Bodenkontakt, Oberkörper nach vorne zwischen die geöffneten Beine, Kopf locker hängen lassen, nachwippen, a) Wirbel für Wirbel sich langsam aufrichten, der Kopf zuletzt, eine Antenne „fährt" aus dem höchsten Punkt der Schädeldecke, b) damit immer größer werdende Kreise „in die Luft zeichnen", dann Kreisbewegung wieder reduzieren bis zum ausbalancierten Sitzen
* *Kontrolle:*	a) Partner steht hinter dem Stuhl und tastet beim Kreuzbein beginnend Wirbel für Wirbel ab b) Gewichtsverlagerung: Sitzknochen – Sitzknochen – Fuß – Fuß ...
* *Suggestion:*	a) sich mit Luft füllender Ballon, Antenne b) in die Luft zeichnen
* *Fehler:*	a) zu schnell, Kopf zu früh hoch b) Brustkorb sinkt ein

Fundamentales Stimmtraining

7

* *Übungsfeld:*	HALTUNG
* *Ziel:*	Brustkorbgefühl, Rippendehnung
* *Übung:*	**IN DER LUFT SITZEN**
* *Darstellung/ Ausführung:*	mit leicht gebeugtem Knie auf einem Bein stehend, das andere Bein vor sich vom Boden abgehoben, Arme wie einen großen Ballon vor sich umfassend „in der Luft sitzen“, Balance suchen, Standbein wechseln
* *Kontrolle:*	Blick in die Weite
* *Suggestion:*	in der Luft sitzen
* *Fehler:*	Standbein durchgestreckt Brustkorb nicht „in Form“, sondern zusammengesunken Arme verkrampft

Fundamentales Stimmtraining

8

* *Übungsfeld:*	HALTUNG
* *Ziel:*	erhobener Brustkorb, Schwerpunktgefühl am Kreuzbein
* *Übung:*	**GESCHOBEN – GEZOGEN**
* *Darstellung/ Ausführung:*	locker im Raum gehen, die Knie leicht gebeugt, Oberkörper erhoben, Gefühl des „in der Luft Sitzens", Gang beschleunigen, Impuls vom Becken, bzw. vom Kreuzbein her
* *Kontrolle:*	Partner (Mitspieler) schiebt am Kreuzbein an
* *Suggestion:*	am Kreuzbein geschoben (Außenbordmotor) am Becken gezogen
* *Fehler:*	Beine durchgestreckt, besonders bei der Beschleunigung zu „kopflastig"

Atmung

Fordert man jemanden auf, „tief“ einzuatmen, hört und sieht man meistens, dass er geräuschvoll die Luft einsaugt, dabei die Schultern hebt und den Bauch einzieht. Es handelt sich also eher um ein „Hochatmen“ als um ein „Tiefatmen“.

Um die Sensibilität für diese Atemvorgänge zu wecken, begeben
9 wir uns in die Rückenlage, winkeln die Beine an, legen eine Hand mit der Handfläche auf den Bauch, die andere, geschlossen mit den Fingerknöcheln auf das Brustbein.

- Wir atmen ruhig durch die Nase und spüren, wie sich die Bauchdecke beim Einatmen hebt und beim Ausatmen senkt.
- Wir atmen jetzt durch den Mund aus und formen ihn dabei zu einem F; dem Atemstrom wird ein Widerstand entgegengesetzt, die Atembewegunggen sollen sich aber nicht ändern.
- Nun lassen wir beim Ausatmen einen Urlaut (wie beim Stöhnen) oder ein stimmhaftes Seufzen hören. Bestimmt wird dieser Laut noch vom Atemrhythmus, dem Sich-Heben und -Senken der Bauchdecke. Wir können (Männer sind dabei im Vorteil) vielleicht Vibrationen am Brustbein fühlen. Wir spüren auch, wie der Laut manchmal brüchig wird, wir stimmen Atemluft und Tonerzeugung aufeinander ab, wie der Geiger den Bogendruck und die Bogengeschwindigkeit auf der Saite.
- Im weiteren Verlauf bilden wir ein W und lassen es während des Ausatmens ruhig strömen („wwwwwwwwwwwwhh“). Während der Bauch sich senkt, bleibt der Brustkorb leicht erhoben.
- Wir können nun den Ausatemprozess verlängern, indem wir Laute durch ganze Wörter ersetzen:

W	Ausführung:	„wwwwwwwwhhh“
wo	Ausführung:	„wwwoooooooohhh“
wohlig	Ausführung:	„wooooooolich------“
wohlige Töne	Ausführung:	„wooolige Töööne“

Übungen

Wir sind also Schritt für Schritt von der Ruheatmung zur Phonationsatmung übergegangen. Zu beachten ist dabei:

- dass wir die Beine angewinkelt lassen
- dass sich die Atembewegungen (Einatmen – Bauch hebt sich, Ausatmen – Bauch senkt sich) auch bei der Lautgebung nicht ändern
- dass wir die Laute nur so lange aushalten, wie es die Ausatembewegung ohne Verspannung zulässt
- dass wir beim Atem und beim Klang das Gefühl haben, beide würden aus dem Bauch zuerst in den Brustraum strömen, dort etwas zurückgehalten werden und dann erst über Mund und Nase den Körper verlassen.

Wir können uns auch durchaus vorstellen, dass die Luft beim Einatmen zuerst in den Bauchraum, dann in den Brustraum strömt, beim Ausatmen zuerst langsam den Bauchraum und dann erst den Brustraum verlässt; es stellt sich also eine Wellenbewegung ein:

Einatmung:	Bauch hebt sich $\Rightarrow$ Brust weitet sich
Ausatmung:	Bauch senkt sich $\Rightarrow$ Brust gibt nach

Dabei verzögert der Brustraum, wie ein Druckausgleichsbehälter den Luftverlust, also den Ausatmungsprozess.

Übungen

Wie bereits beschrieben, geben die Lungen Atemluft ab. Der Verschluss der Stimmlippen bei der Phonation führt zum Luftstau unterhalb des Kehlkopfes. Ist der Entstandene Überdruck stärker als die Spannung der Stimmlippen, öffnen sich diese nach oben, es entweicht etwas Luft, der Druck fällt ab, die Stimmlippenspannung überwiegt wieder und die Stimmritze (Glottis) schließt sich; der Prozess kann von Neuem beginnen. Es entsteht so der für die Schallproduktion nötige periodische Vorgang.

Vergleicht man die Lungen mit dem Blasebalg einer Orgel, so liegt man nur teilweise richtig. Für das „Instrument" Stimme stellen sie nämlich nur die Luftbehälter, nicht den Energiespender dar. Diese Aufgabe wird von verschiedenen Muskelgruppen übernommen, die in der Lage sind, den Brustraum zu vergrößern, dadurch einen Unterdruck herzustellen, wodurch wiederum die Lungen erweitert werden und Luft einströmt.

Die Vergrößerung des Brustraumes kann dabei auf verschiedene Weise erfolgen:

- nach oben durch das Heben des Schlüsselbeines und der Schultern
- nach oben durch das Heben des Brustkorbes im vorderen Bereich
- zu den Seiten durch ein Heben und Weiten des Brustkorbes im unteren Bereich
- nach unten durch die Kontraktion und damit ein Absenken des Zwerchfelles

Die erste Form (oder auch ersten beiden Formen) nennt man im Allgemeinen „Hochatmung", die letzte Form „Tiefatmung". Die „Hochatmung" wird, besonders für die Phonation, als ungünstig angesehen, da sie einerseits die Halsmuskulatur mit betätigt und dadurch die Kehlfreiheit beeinträchtigt und zum anderen im Hinblick auf das Lungenvolumen zu ineffektiv arbeitet. Die reine „Tief-" bzw. „Zwerchfellatmung", die wir beim Ruhen unbewusst anwenden, gilt als gesünder, ist aber bei der Phonation in ihrem Zusammenspiel Zwerchfell-Bauchmuskulatur zu schwerfällig.

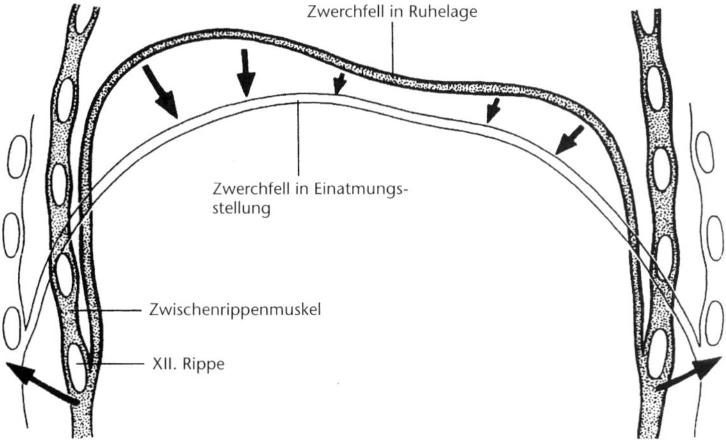

Günther Habermann, Stimme und Sprache. Eine Einführung in ihre Funktion und Hygiene, © Georg Thieme-Verlag, 3. Auflage, Stuttgart 2001

Als am effektivsten wird eine Kombination von Thorax- und Abdominalatmung angesehen: das Zwerchfell zieht sich zusammen und senkt sich dadurch. Dabei drückt es die Eingeweide nach unten, sodass die Bauchdecke etwas hervortritt. Gleichzeitig wird der Brustkorb gehoben und damit geweitet. Beim Ausatmen entspannt sich das Zwerchfell und der Brustkorb senkt sich wieder.

Beim professionellen Sprechen und besonders beim Singen versucht man nun den Brustkorb in einer *elastischen Einatemspannung* zu halten. Auf diese Weise wird das Zwerchfell nach außen „vorgespannt" und ist so in der Lage, in Zusammenarbeit mit der Bauchmuskulatur federnde Impulse geben zu können. Außerdem wird die für die Tonproduktion nur minimal benötigte Atemluft zurückgehalten, sodass der Atemdruck an den Stimmlippen nicht nachlässt (die Balance zwischen veränderbarem Atemdruck und variabler Stimmlippenspannung ist eines der Ziele der Gesangsausbildung und wird mit dem ungünstigen Begriff „Stütze" bezeichnet). Der in der Gesamtheit komplizierte Vorgang lässt sich leichter anhand einiger Vergleiche verstehen:

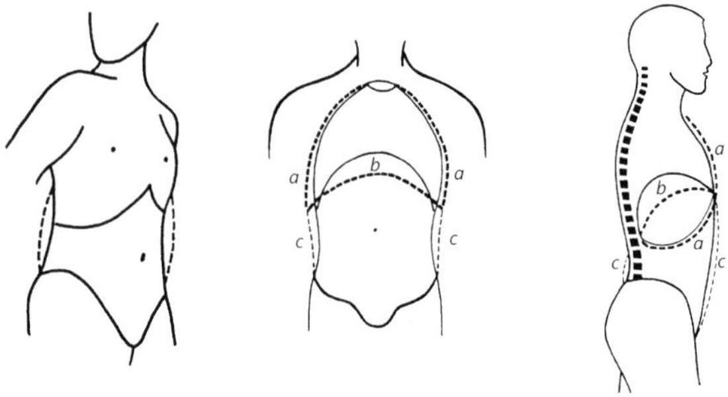

- zur Weitung des Brustkorbes: eine Zahnpastatube beginnt man am der Öffnung entgegengesetzten Ende auszudrücken und arbeitet sich langsam auf die Öffnung zu. Nur so ist auch nach abnehmender Zahnpastamenge an der Öffnung immer noch Zahnpasta vorhanden. Beim Sprechen und Singen gibt das Zwerchfell im Zusammenspiel mit den Bauchmuskeln langsam nach, der Brustkorb bleibt weit.
- zur Weitung des Brustkorbes bei gleichzeitiger Vermeidung eines Hohlkreuzes: das Zwerchfell teilt den Brustraum vom Bauchraum. Es ist an den Rippenenden befestigt und führt nach hinten zum Kreuzbein. Es kann sich selbst kontrahieren, aber auch von außen vorgespannt werden.
  Wie ein Sprungtuch von im Kreise stehenden Feuerwehrleuten, so wird das Zwerchfell durch das Heben und Weiten der Rippen von allen Seiten gespannt. Durch ein Hohlkreuz würde gleichsam die eine Hälfte der Feuerwehrleute nachgeben, durch das Absenken des Brustkorbes die andere Hälfte; in beiden Fällen kann des Sprungtuch/Zwerchfell nicht mehr federn.

Die Vorspannung betreffend hilft die richtige Haltung bereits sehr viel. Kraftakte führen nur zu Verspannungen.

Die Atemimpulse bei den Übungen lassen sich am besten mit einer Hand auf dem Bauch kontrollieren: wie bei der Ruheatmung sollen auch im Sitzen und Stehen alle Impulse immer nach innen gehen, d.h. die Bauchdecke wird bei der Produktion von Lauten eingezogen nicht herausgedrückt.

Fundamentales Stimmtraining

10

* *Übungsfeld:*	ATMUNG/ARTIKULATION
* *Ziel:*	Kontrolle der Atemführung Lockerung von Lippen, Zunge und Gaumen
* *Übung:*	**BRUMMLIPPE**
* *Darstellung/ Ausführung:*	kontinuierlich ausgehaltene(s): – R (Zunge): „RRRRRRRR...“ – R (Gaumen) „RRRRRRRR...“ – Brummlippe alle **stimmhaft**
dabei	– Atem kontrollieren (Hand am Bauch) – so lange wie möglich – Variieren der Lautstärke und Mundform (a-, e-, o-Form, nur bei R) – bei Unterbrechung des Tones absetzen und neu beginnen – Tennisball kegeln und so lange den Klang halten bis er angekommen ist.
* *Suggestion:*	– „ferngesteuertes Auto/Flugzeug“ mit dem Blick verfolgen
* *Fehler:*	– zu starke e-Form des Mundes – Verspannung des Unterkiefers – zu hoher Atemverbrauch

Fundamentales Stimmtraining

11

* *Übungsfeld:*	ATMUNG/ARTIKULATION VOKALISATION
* *Ziel:*	Zwerchfellimpulse Vordersitz
* *Übung:*	**„STACCATOPERSON"**
* *Darstellung/ Ausführung:*	„sta – ca – to – per – soon ..." – Silben staccato (= kurz) absetzen – Rippenweitung prüfen – Lächeln (heller Klang) – offenes, kurzes *a* – innere Weite (Gähntendenz) – langes *o (-soon)* nicht abfallen lassen – übertriebene Artikulation – Silben herausschleudern – Tonhöhe variieren (auch singen) – in Pausen in der Form des gerade gesprochenen Vokals verharren
* *Suggestion:*	– Körpereinstellung *staccatoperson* (= federnde Person)
* *Fehler:*	– zu dunkel (i-Lächeln fehlt) – Atemimpulse nach unten, statt Zwerchfellimpulse

Fundamentales Stimmtraining

12

* *Übungsfeld:*	ATMUNG ARTIKULATION
* *Ziel:*	Zwerchfellaktivität Rippendehnung Artikulationsaktivierung
* *Übung:*	**KONSONANTENEXPLOSION**
* *Darstellung/ Ausführung:*	*„P T K P T K ...“* – stimmlos – mechanisch gleichmäßig – im Sekundentakt – Lippen etwas eng – Rippen bleiben weit – Zwerchfellimpulse
* *Kontrolle:*	Oberkörper, Oberarm und Unterarm bilden auf jeder Seite einen Kreis, wie wenn man zwei Päckchen tragen wollte, Fingerrücken drücken leicht gegen untere Rippenenden, Handflächen zeigen zu den Achselhöhlen (Rippen sollen nicht nachgeben)
* *Suggestion:*	– Konsonantenmaschine
* *Fehler:*	– zu wenig Lippenspannung – Atemimpulse nach unten

Fundamentales Stimmtraining

13

* *Übungsfeld:*	ATMUNG ARTIKULATION
* *Ziel:*	Wechselspiel Atmung – Artikulation Atemimpulse vom Zwerchfell Haltefunktion des Brustkorbes
* *Übung:*	**„POP“**
* *Darstellung/ Ausführung:*	„pop – pop – pop“ a) zuerst 3x hintereinander dann steigern (5x etc.) b) als 3-Tonfolge singen c) als 5-Tonfolge singen – beide *p* explosiv – Worte nicht verbinden *(popopop)* – **Spannungspausen** mit lockerem Kiefer – geschlossenes *o* sehr kurz – kurze Zwerchfellimpulse – Brustkorbweite **(Hände s.o.)** – Tennisball bei jedem „pop“ springen lassen (auch mit Partner)
* *Suggestion:*	– harter Gummiball springt – Flug bestaunen
* *Fehler:*	– keine Spannungspausen – Überdruck

Fundamentales Stimmtraining

CD ROM 14

* *Übungsfeld:*	ATMUNG ARTIKULATION
* *Ziel:*	Zwerchfellaktivität Rippendehnung Artikulationsaktivierung
* *Übung:*	**„APOTHEKE“**
* *Darstellung/ Ausführung:*	„A-po-the-ke-Pe-po-the-ke- O-po-the-ke-Te-po-the-ke- Ha-po-the-ke-E-po-the-ke- Ka-po-the-ke-E-po-the-ke“ – das A von Apotheke wird jeweils durch den nächsten Buchstaben ersetzt, der Rest des Wortes bleibt gleich – zuerst das A nur durch die ersten drei Buchstaben ersetzen, dann die Kette erweitern, auch rückwärts sprechen – federnd – Kieferbewegung
* *Kontrolle:*	– Fingerrücken drücken leicht gegen untere Rippenenden
* *Suggestion:*	– „in der Luft beißen“
* *Fehler:*	zu wenig Kieferbewegung – Atemimpulse nach unten – Brustkorb sinkt zusammen

Fundamentales Stimmtraining

15

* *Übungsfeld:* ATMUNG
ARTIKULATION
VOKALISATION

* *Ziel:* Elastische Weitung des Brustkorbes (= Vorspannung)

* *Übung:* **„DEHNEN“**

* *Darstellung/ Ausführung:* *„dehnen dehnen dehnen“*
- Vokale dehnen
- Worte verbinden
- zuerst 3x hintereinander dann steigern (5x etc.)
- Brustkorbweite (Hände)
- auch Arme und Oberkörper dehnen
- auch: „deinen“
  „dienen“
  „Daunen“
  „Dänen“
  „Dünen“
- Vokale deutlich formen

* *Suggestion:*
- deeehhnen

* *Fehler:*
- Brustkorb sinkt zusammen
- Kiefer fixiert

Übungen

Artikulation

Tragen Sie in die unten stehende Tabelle alle Konsonanten des Alphabetes ein. Unterscheiden Sie dabei, wie und an welchen Artikulationspunkten, also wo oder mit welchen Organen der jeweilige Laut produziert wird. (Tipp: Decken Sie die S. 43 ab, um die Ergebnisse nicht ständig vor Augen zu haben).

Zu den **Klingern** zählen alle Konsonanten, die akustisch nicht nur ein Geräusch, sondern unter Beteiligung der Stimme einen Ton darstellen – also alle Konsonanten, auf denen man eine Melodie singen kann. **Verschluss-** oder **Explosivlaute** sind die Konsonanten, bei denen, wie die Bezeichnungen andeuten, an einem Artikulationspunkt ein Verschluss hergestellt wird. Die Atemluft staut sich dort an und entlädt sich beim Öffnen des Verschlusses explosionsartig mit einem kurzen Geräusch. Bei den **Reibelauten** wird an einem oder zwischen mehreren Artikulationspunkten ein Engpass geformt, an dem sich die Atemluft beschleunigt und zischende Geräusche produziert.

Artikulieren Sie nun die einzelnen Konsonanten stumm ohne ergänzenden Vokal, also nicht „be", sondern „b". Versuchen Sie nicht zu flüstern, sondern artikulieren Sie pantomimisch. Hören und fühlen sie in sich hinein: Was passiert? Wo passiert es? ... und tragen sie die einzelnen Mitlaute in die Tabelle ein. Beachten Sie dabei, dass an der Produktion mancher Laute auch zwei Organe beteiligt sind; notieren Sie den Buchstaben dann in der jeweiligen Wie-Zeile zwischen den jeweiligen Wo-Begriffen. (Bei manchen Konsonanten werden Sie feststellen, dass sie sich aus zwei Lauten zusammensetzen, die Sie vielleicht schon eingetragen haben.)

Übungen

	vorne ◄——————► hinten
wo? / wie?	**Lippen** **Zähne** **Gaumen** (hart weich Zäpfchen) **Kehle** Spitze Ränder Rücken **Zunge**
Klinger	
Verschlusslaute	
Reibelaute	

Tipp: Das stumme, pantomimische und damit überdeutliche Arti-
kulieren auch von ganzen Sätzen bei gleichzeitigem vorstellen des
16 Klanges schult die klare Aussprache. Achtung: nicht flüstern, nur
artikulieren!

Da die „Hörübung" in erster Linie der Artikulationssensibilisierung dienen soll, muss auch in der Auflösung, um Verwirrung zu vermeiden, auf die letzte wissenschaftliche Konsequenz verzichtet werden (z.B. auf die Differenzierung der Liquide in dauernde und intermittierende usw.).

Übungen

	vorne ⟵						⟶ hinten
wo?	**Lippen**		**Zähne**		**Gaumen**		**Kehle**
				hart	weich	Zäpfchen	
			Spitze	Ränder		Rücken	
wie?					**Zunge**		
Klinger Nasale	**m**		**n**		**ng**		
Liquide		**w**	**l**				
Liquide				**r**		**r**	
Verschlusslaute							
ungespannt/stimmhaft	**b**		**d**		**g**		
gespannt/stimmlos	**p**		**t**		**k**		
Reibelaute							
ungespannt/stimmhaft		**v**	**s**	**j**			
gespannt/stimmlos		**f**	**s**	**sch**			**h**
				ch (ich)		**ch** (ach)	

Die Konsonanten stellen mit Ausnahme der Klinger, akustisch gesehen, Geräusche dar: man kann auf ihnen keine Melodie singen; eher sind sie als das rhythmische Element der Sprache anzusehen. Trotzdem hängt die Verständlichkeit eines Textes mehr von ihrer Artikulation als von der Formung der Vokale ab.

Auf den Verschlusslauten ist es möglich, eine hohe Spannung aufzubauen, durch die die folgenden Vokale wegkatapultiert werden (natürlich eignen sich dazu die von sich aus bereits „gespannten" Laute wie p, t, k, f, s eher als die „ungespannten" wie b, d, g oder v). Während sich die Wirkung der Verschlusslaute mit der eines Sprungbretts vergleichen lässt, kann man den Effekt der Reibelaute eher dem der „Sprungschanze" zuordnen. Die Klinger beschleunigen ebenfalls die folgenden Vokale (sie tun dies zwar nicht so stark, dafür regen sie die Stimme zum lockeren Schwingen an).

Übungen

Eine hohe **Konsonantenspannung** bewirkt also eine gut Projektion der Stimme im Auditorium.

Diese Spannungen schaden der Stimme, also dem Schwingungsvorgang im Kehlkopf selbst nicht, da sie an den Artikulationsstellen aufgebaut werden.

Dies trifft aber nur zu, wenn diese Artikulationsspannungen nicht zu Verspannungen der Zungenwurzel, der Kiefer- oder der Halsmuskulatur führen, wenn sie also nicht die sogenannte „Kehlfreiheit" beeinträchtigen.

Dies trifft auch nur zu, wenn der hohe Atemdruck nur auf die Konsonanten und nicht auf die folgenden Vokale, bei denen nur die Stimmlippen Widerstand leisten können, ausgeübt wird.

Der Sprecher bemüht sich daher **vorne** zu artikulieren, Spannungen nur auf die wirklich notwendigen Punkte zu konzentrieren und benachbarte Muskelbereiche nicht zu belasten (vgl. **Vordersitz der Stimme**). Er bemüht sich weiter, nur spannungsvolle Impulse zu geben und keinen Druck auf die Stimme auszuüben (vgl.: Übungen S. 36, 38 „staccatoperson", „pop")

Wie bei jeder körperlichen Leistung ist die Lockerheit der Muskulatur hierfür die unabdingbare Voraussetzung. Übungen zur Gewinnung dieser Lockerheit findet man auf den folgenden Seiten. Es seien aber auch alle Formen von Dehnübungen für den Kiefer-, Hals-, Nacken-, Schulter- und Rückenbereich empfohlen, wie sie in Sportvereinen und Fitness-Studios im Stretching-Programm angeboten werden.

Fundamentales Stimmtraining

17

* *Übungsfeld:*	ARTIKULATION
* *Ziel:*	Kräftigung der Wangen und Lippen Öffnung des Nasenraumes
* *Übung:*	**OBOE SPIELEN**
* *Darstellung/ Ausführung:*	– Mund geschlossen – Lippen über die Zähne nach innen ziehen (ganz schmal, kaum zu sehen) – Lippen aufeinander pressen – Druck zentrieren – Wangen anspannen – innen weit (Gähntendenz) – bis zur Ermüdung – kurze Pause – wiederholen
* *Suggestion:*	– Strohhalm zusammenpressen – Oboe spielen
* *Fehler:*	– Lippen nicht gespannt, zu wulstig

Übungen

Fundamentales Stimmtraining

18

* *Übungsfeld:*	ARTIKULATION
* *Ziel:*	Lockerung des Kiefers innere Weite
* *Übung:*	**KIEFERFALL**
* *Darstellung/ Ausführung:*	– Hände in Ohrenhöhe halten – Hände zusammen mit Unterkiefer fallen lassen (nur Hände, nicht Arme, nur Unterkiefer, nicht Kopf!) – Zungenspitze locker an Zähnen – Lockerheit
* *Suggestion:*	– Erstaunen: „ich bin ganz baff!" – konzentriert lauschen
* *Fehler:*	– aktive Bewegungen – Konzentrationsmangel

Fundamentales Stimmtraining

19

* *Übungsfeld:*	ARTIKULATION
* *Ziel:*	Lockerung der Zungenwurzel Kräftigung der Zunge Förderung der Durchblutung Öffnen der Resonanzräume
* *Übung:*	**ZUNGENKREISEN**
* *Darstellung/ Ausführung:*	– Mund geschlossen – Lippen rund – innen weit (Gähntendenz) – Zunge kreist mit starkem Druck innen um den Mund – Gegenspannung der Lippen und Wangen – bis zur Ermüdung – kurze Pause – Zungenkreisen in Gegenrichtung
* *Suggestion:*	unterdrücktes Gähnen
* *Fehler:*	Nackenverkrampfung

Fundamentales Stimmtraining

20

* *Übungsfeld:*	ARTIKULATION
* *Ziel:*	Lockerung und Kräftigung von Zungenwurzel und Gaumen Förderung der Durchblutung Öffnen der Räume
* *Übung:*	**GÄHNENDER LÖWE**
* *Darstellung/ Ausführung:*	– Mund extrem weit auf – Zunge extrem weit heraus – Rachen extrem weit auf – bis zur Ermüdung – dann Zunge ausruhen lassen – wiederholen
* *Suggestion:*	– Gähnen – Grimassen schneiden
* *Fehler:*	– Kopf zu weit im Nacken – Spannung zu gering

Fundamentales Stimmtraining

21

* *Übungsfeld:*	ARTIKULATION VOKALISATION
* *Ziel:*	Kieferlockerheit a-Klang Vordersitz
* *Übung:*	**„BAMMA"**
* *Darstellung/ Ausführung:*	*"bamma bamma bamma ..."* – schnell federnd – b-Form im ganzen Wort beibehalten (= Oberlippe schmal, bedeckt die Zähne) – starke, aktive Kieferbewegung – Atem innehalten – Kopf ab und zu leicht drehen a) auf Stuhllehne gestützt b) aufrecht
* *Suggestion:*	– Töne fallen aus Mund und Nase
* *Fehler:*	– Oberlippe zu wulstig – Nackenverspannung – wenig Kieferaktivität

Fundamentales Stimmtraining

CD ROM 22

* *Übungsfeld:*	ATMUNG/ARTIKULATION/ VOKALISATION
* *Ziel:*	Koordination Atmung – Artikulation Vokalformung, Vokalausgleich
* *Übung:*	**„TI – TE – TA – TO – TU“**
* *Darstellung/ Ausführung:*	„ti – te – ta – to – tu“ a) mehrmals hintereinander sprechen b) auf einer Tonhöhe singen – explosives *t* – trotzdem piano – *i*-Lächeln (-Mundform) bis *tu* beibehalten – bei *ta*: lockerer Kieferfall – kurze Zwerchfellimpulse – **Pausen zwischen den Silben**
* *Kontrolle:*	– Handrücken am Rippenende
* *Suggestion:*	kleine Pfeile schleudern Flug verfolgen
* *Fehler:*	keine Spannungspausen (gebunden) Tonabfall zum *tu* hin (zu dunkel)

Fundamentales Stimmtraining

23

* *Übungsfeld:*	ARTIKULATION
* *Ziel:*	Lockerung aller „Artikulationswerkzeuge" Training der Geläufigkeit
* *Übung:*	**„DIE LOCKERE ZUNGE"**
* *Darstellung/ Ausführung:*	Sprechen folgender Worte: – „die lockere Zunge ..." – „der lockere Gaumen ..." – „die lockeren Lippen ..." – „der lockere Kiefer ..." – „der lockere Nacken ..." – „der lockere Rachen ..." Jede Wortfolge mehrmals schnell hintereinander sprechen – das angesprochene Organ stark aber locker bewegen – auch mit Fingern zwischen den Zähnen im Mundwinkel – auch auf Stuhllehne gestützt
* *Suggestion:*	– Schütteln des angesprochenen Organs
* *Fehler:*	– Verkrampfung

Fundamentales Stimmtraining

24

* *Übungsfeld:*	ARTIKULATION
* *Ziel:*	deutliche Artikulationsbewegung Training der Geläufigkeit
* *Übung:*	**ZUNGENBRECHER**
* *Darstellung/ Ausführung:*	Sprechen folgender Worte: a) *„Titikaka ...“* b) *„Popokatepetl ...“* c) *„dagegengegangen ...“* (auch andere Zungenbrecher, s. Anhang)
dabei	– jedes Wort erst einzeln üben – dann Perioden à 3 Wiederholungen – dann Periodenlänge steigern – hohes Tempo – bei Versprechen: absetzten und neu beginnen auch mit Fingern zwischen den Zähnen im Mundwinkel
* *Suggestion:*	„Klatschtante“ Hühnerhof
* *Fehler:*	geringe Artikulationsbewegung
* *Hilfe:*	Finger zwischen den Zähnen im Mundwinkel

Übungen

Vokalisation

Sie sehen unten drei Vokale in einem Dreieck angeordnet. Formen Sie pantomimisch alle Selbstlaute (Grundlaute a, e, i, o, u und Umlaute ä, ö, ü). Fühlen Sie oder sehen Sie mit Hilfe eines Spiegels, wie sich die Mundform verändert. Welche der angegebenen Vokale haben ähnliche, nur leicht veränderte Formen? Ordnen Sie die fehlenden Laute zwischen die Buchstaben im Dreieck ein.

Versuchen Sie jetzt innerhalb des Dreiecks einen Weg zurückzulegen vom hellsten zum dunkelsten Laut.

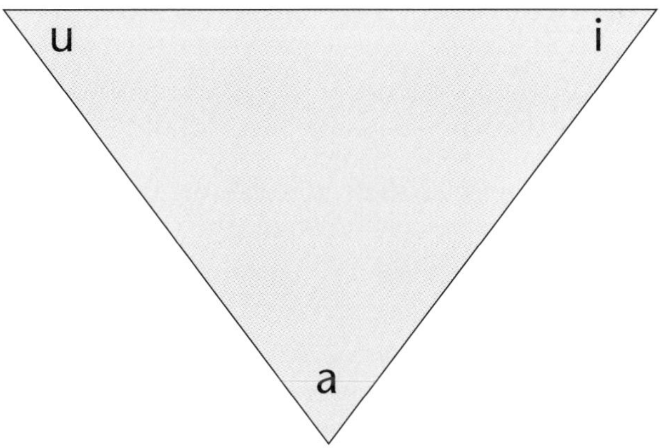

Suchen Sie außerdem beschreibende Begriffe für die jeweilige Mundstellung der drei vorgegebenen Vokale und überlegen Sie, in welchen emotionalen Situationen man die verschiedenen Mundformen unabhängig von den Wortlauten wählt und was man einem Gesprächspartner eventuell signalisieren will, wenn man einen Satz (z.B. „Gibst du mir einen Apfel?“) mit einer a-, i-, oder u- Form sagt.

Vokale sind immer „Tonträger“, das heißt, bei ihrer Erzeugung schwingen immer die Stimmlippen mit. Man kann mit ihnen Melodien singen und sie über viele Töne hin dehnen. Differenziert werden sie durch unterschiedliche Formung des Ansatzrohres. Äußerlich sehen wir, wie sich Lippenform und Kieferöffnung verändern.

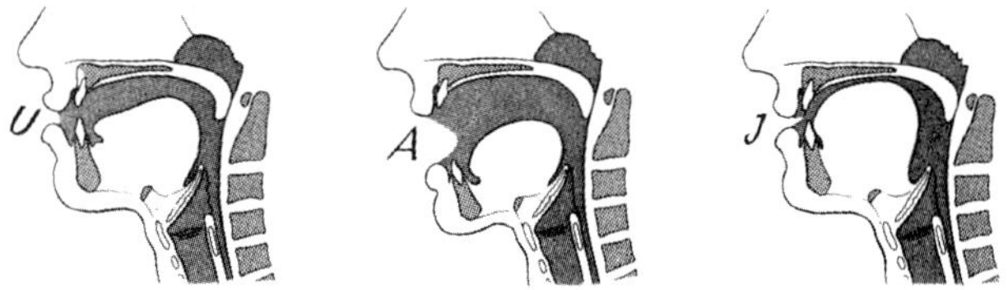

Klangfarbe:	dunkel, weich	kräftig, „offen"	hell, glänzend
Mundform:	rund	offen	breit
Gefahr:	„Stimme im Hals"	Zunge fällt zurück	Kehlenge
Rettungsinsel:	**„Schnute"**	**„Kieferfall"**	**„Lächeln"**
Suggestion:	Duft, Anmut, Zärtlichkei ...	Ernst, Würde, Monumentalität ...	Freude, Jubel Sieghaftigkeit ...

Abb. ohne Text aus: Günther Habermann, Stimme und Sprache. Eine Einführung in ihre Funktion und Hygiene, © Georg-Thieme-Verlag, 3. Auflage, Stuttgart 2001

Jede Vokalform bringt klanglich Vorteile mit sich, birgt aber auch Gefahren. Wir verwenden diese Vokalformen und Mundstellungen nicht nur, wenn der jeweilige Vokal in einem Wort vorkommt, sondern auch um klanglich zu gestalten und eigene Einstellungen auszudrücken (vgl. S. 69 ff).

Wenn wir sehr präzise, sehr „deutlich" sprechen wollen, halten wir den Kiefer fast geschlossen, zeigen etwas die Zähne, ziehen die Lippen in die Breite; die Form entspricht der der hellen Vokale i oder e. Da bei dieser Formung die Zunge hochsteht, der Kehlkopf ebenfalls hochgezogen wird, können beim längeren Sprechen in dieser Form Verspannungen in Kiefer, Zungenwurzel und Hals auftreten, die die Stimme belasten.

Eine deutliche Kieferbewegung, wie beim Kauen, löst solche Verspannungen wieder, gleichzeitig „fällt" jedoch dann auch der Klang „zurück", die Präzision geht vorloren.

Auch die runde Mundform vermeidet Verspannungen, die Kehle steht tiefer. Sie produziert aber nicht die gleiche Lautstärke und erlaubt weniger Artikulationspräzision.

Übungen

Ziel der Übungen ist es nun, die Vorteile jeder Vokalform zu nutzen und gleichzeitig die Gefahren zu bannen. Für das professionelle Sprechen bedeutet dies:

- während des Sprechens ist ein leichtes Lächeln angedeutet. Es bewirkt die Helligkeit des Klanges und die Präzision der Artikulation. Diese Lächel-Form soll nicht verloren gehen, auch wenn
- der Kiefer nicht festgehalten werden darf und bei allen offenen Lauten locker herunterfällt (die Kieferfixierung ist einer der großen Risikofaktoren für die Stimme; es wird daher empfohlen zur Übung sogar richtige Kaubewegungen während des Sprechens zu machen – die Kieferbewegungen sind gleichsam „Weichmacher" für die Stimme) und

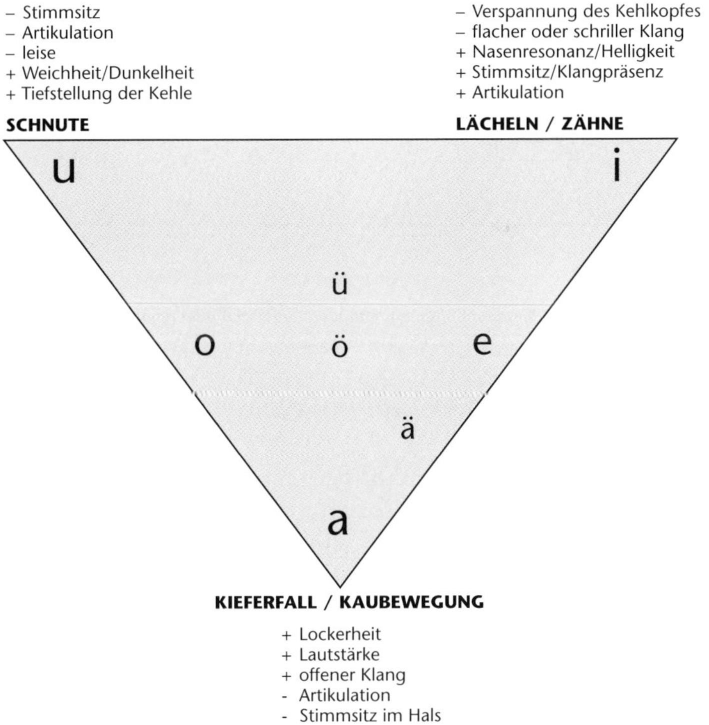

- der Mund nicht zu breit gezogen wird, sondern manchmal sogar eine Schnute formt.

Als audiovisuelles Vorbild sei das Lehrvideo von Barbara Hirschfeld „Einführung in die deutsche Phonetik" empfohlen. In Nahaufnahme kann man beobachten, wie der Mund der Sprecherin ständig von einem Lächeln umspielt wird, ohne breit zu „grinsen" und der Kiefer sich locker bewegt. Der aufmerksame Beobachter sieht auch, dass die Sprecherin vor jeder Wortartikulation eine minimale, kaum wahrnehmbare Kieferbewegung macht. (vgl. Rettungsinsel „In die Luft beißen"). Selbst nach der Formulierung eines Begriffes hält sie oft noch in der lockeren offenen Form inne.

Der nicht einfache „Balanceakt" zwischen Lächelspannung und Kieferlockerheit lässt sich an der folgenden Übung erfühlen:

- Wir sprechen, möglichst vor einem Spiegel, die Silben ti-te-ta-to-tu.
- Wir stellen fest, dass unser Gesichtsausdruck dabei immer trauriger, oder, wenn wir dies verhindern wollen, verbissen wird.
- Wir versuchen nun, jede einzelne Silbe wie einen Dartpfeil in den Raum zu werfen.
- Jede Silbe bereiten wir durch ein „In die Luft beißen" vor.
- Wir zeigen dadurch etwas die Zähne, lächeln leicht, aber nicht breit.
- Das „t" ist das Katapult, wird fast „gespuckt", der Kiefer öffnet sich schnell und lässt den Vokal „fliegen".
- Wir verharren nach jeder Silbe mit leicht geöffnetem Mund und verfolgen die „Flugbahn" des Klanges.

Diesem sogenannten Vokalausgleich dienen alle Übungen wie „iui" oder „diavolo", also Übungen, die zwei oder drei Vokalformen verbinden. Sie beginnen meistens mit dem hellen Laut um den Vordersitz zu fördern, schließen aber auch dunkle Vokale mit ein, um eine zu breite Mundform zu vermeiden und dadurch die Weichheit und Elastizität der Stimme zu gewährleisten (vgl. S. 14 ff „Randstimmigkeit")

In Trainungssequenzen speziell für diese „Randstimmigkeit" geht man von Übungen mit dunklen Vokalen aus und arbeitet sich Übung für Übung zu den hellen Lauten vor:

Urlaut – wwwwwwh – wohlig – wohlige Töne – wohlige Klänge – warme Töne – warme Klänge. Dabei bleiben auch die hellen und auch grellen Klänge („ä") immer „wohlig" (vgl. Übung S. 61).

Fundamentales Stimmtraining

25

* *Übungsfeld:*	VOKALISATION/ ARTIKULATION
* *Ziel:*	Randstimmigkeit, Körperklang Stimmbandlockerung
* *Übung:*	**LUFTBLASEN**
* *Darstellung/ Ausführung:*	*„blu blo blu blo …"* – schnell „herausblubbern" – geschlossenes *u* – leichte Kieferbewegung – Kopf ab und zu leicht drehen a) auf Stuhllehne gestützt b) aufrecht c) auch singen (Drei- oder Fünftonfolge)
* *Suggestion:*	– Töne steigen aus dem Bauch wie Luftblasen und – fallen aus Mund und Nase
* *Fehler:*	– *u* zu offen – zu laut

Fundamentales Stimmtraining

26

* *Übungsfeld:*	VOKALISATION
* *Ziel:*	Randstimmigkeit, Körperklang Zungenlockerung/-aktivierung Aufhelles des *u*
* *Übung:*	**STAUNEN**
* *Darstellung/ Ausführung:*	*„iui iui iui iui iui …“* – Zunge vor und zurückschnellen – piano – schnell – Perioden zu 5 wiederholen – Periodenlänge steigern – geschlossenes *u* – *i* wie *j* anschleifen – kaum Kieferbewegung – Tonhöhe variieren (auch singen)
* *Suggestion:*	– beobachten eines Schmetterlings oder Ameisenhaufens
* *Fehler:*	– *u* zu offen – Kiefer- statt Zungenbewegung

Übungen

Fundamentales Stimmtraining

27

* *Übungsfeld:*	VOKALISATION
* *Ziel:*	Körperklang – Resonanz, Randstimmigkeit
* *Übung:*	**URLAUT**
* *Darstellung/ Ausführung:*	a) Urlaut b) *„wwwwwwwww ...“* c) *„wwwwummmm“* d) *„wwwwummmern“* e) *„wwwwoooo“* f) *„wwwwohlich“* – pianissimo sprechen – geschlossenes *u* oder *o* – *m* lange klingen lassen – tiefe Lage, aber: – nicht pressen, weiche Töne
* *Kontrolle:*	– Fingerknöchel am Brustbein (= Resonanzkontrolle)
* *Suggestion:*	– fernes Raunen des Windes, des Meeres, des Donners
* *Fehler:*	– Unterkiefer vorgeschoben – Nackenverspannung – zu laut

Fundamentales Stimmtraining

28

* *Übungsfeld:*	VOKALISATION
* *Ziel:*	Körperklang – Resonanz, Randstimmigkeit Lagenausgleich
* *Übung:*	**„WOHLIGE TÖNE“**
* *Darstellung/ Ausführung:*	*„wohlige Töne – warme Klänge“* – erst getrennt sprechen – pianissimo – *w* lange klingen lassen Unterlippe an oberen Schneidezähnen – geschlossenes *o* – bei *a, ä* Kieferfall – tiefe Lage, aber: – nicht pressen, weiche Töne – Klangschönheit
* *Kontrolle:*	– Fingerknöchel auf Brustbein (=Vibration)
* *Suggestion:*	– siehe Wortinhalte
* *Fehler:*	– zu wenig Kieferfall – zu laut

Fundamentales Stimmtraining

CD ROM 29

* *Übungsfeld:*	ARTIKULATION/VOKALISATION
* *Ziel:*	innere Weite Tiefstellung des Kehlkopfes Lockerung des Kiefers
* *Übung:*	**HEISSE KARTOFFEL**
* *Darstellung/ Ausführung:*	a) *„hade – hado …“* b) *„hadai – hadau …“* – tonlos artikulieren und auch – piano und tief sprechen – große Mundbewegung – Atem sparen (= innehalten)
* *Suggestion:*	heiße Kartoffel im Mund
* *Fehler:*	– zuviel Tongebung

Fundamentales Stimmtraining

30

* *Übungsfeld:*	ARTIKULATION/VOKALISATION
* *Ziel:*	Vokaldeutlichkeit, -verbindung Vordersitz
* *Übung:*	**„DIAVOLO"**
* *Darstellung/ Ausführung:*	*„diavolo diavolo diavolo ..."* – schnell hintereinander sprechen – erst in Dreierfolge – dann Wortfolgen steigern – durch die locker aufeinanderliegenden Zähne – bei „di" Zähne zeigen – bei a schnell den Kiefer bewegen – aber i-Lächeln beibehalten – Silben herausschleudern – mit erregtem Atem – piano – Tonhöhe variieren (auch singen)
* *Suggestion:*	– gefährlich, verhaltene Aggression – Degenspitze – der Räuber „Fra Diavolo"
* *Fehler:*	– Kiefer fixiert

Fundamentales Stimmtraining

31

* *Übungsfeld:*	VOKALISATION
* *Ziel:*	Vokalausgleich Vordersitz Maskenklang (= vorderer Resonanzbereich)
* *Übung:*	**PAPAGEIENÜBUNG**
* *Darstellung/ Ausführung:*	*„rin ran run …“* – rollendes Gaumen-R – kurzer Vokal – lange N-Klinger – *n* und *r* verbinden – *i*-Lächeln beibehalten – *a*-Kieferfall – Tonhöhe variieren (auch singen) – mit Klangfarbe spielen (Mundform verändern, z.B. Schnute, Breite …)
* *Suggestion:*	– Papagei
* *Fehler:*	– Wegfallen des *i*-Lächelns

Fundamentales Stimmtraining

32

* *Übungsfeld:*	VOKALISATION
* *Ziel:*	Maskenklang, Vordersitz
* *Übung:*	**„GÄHNE GERNE“**
* *Darstellung/ Ausführung:*	*„gähne gerne“* – beim g: Kontakt des Zungenrückens am Gaumen möglichst weit vorne – deutliches, offenes ä (= Lächeln beibehalten) – Vokale dehnen – beim ä: Kieferfall – innere Weite (= Gähntendenz) – Tonhöhe variieren (auch singen) – dabei auch dehnen
* *Suggestion:*	– Textinhalt
* *Fehler:*	– Wegfallen des i-Lächelns – zu wenig Kieferbewegung – Kontakt des Zungenrückens zu weit im Rachen

Übungen

„Warming-up“

Kein Sportler würde es riskieren, zum Wettkampf anzutreten ohne sich vorher aufzuwärmen. Auch in Sprechberufen werden von
33 der Muskulatur zum Teil Höchstleistungen gefordert. Deshalb ist es für den Sprecher wichtig, sich vor einer langen Rede oder vor einem Unterrichtstag einzustimmen.

Ziemlich sanft lässt sich die Stimme mit der folgenden Warming-up-Sequenz aufwecken:

Körperbewegung:

- Oberkörper aufrecht; in den Knien leicht gebeugt; Füße hüftbreit auseinander
- In geradem Takt mit betonter Gewichtsverlagerung von einem Fuß auf den anderen steigen; nur die Fersen werden angehoben, die Fußballen bleiben am Boden
- jeweils auf dem Standbein nachwippen

  alternativ: Hoch – Tief – Bewegungen, Beschreibung s. S. 22 oben

dazu:
Stimmeinsatz im Metrum mit den Bewegungen:

- Urlaut mit drei Bewegungsimpulsen
- w – w – w
- wo – oh – oh
- wohlig – wohlig
- wohlige Töne
- wohlige Klänge
- warme Töne
- warme Klänge
- Brummlippe mit drei Bewegungsimpulsen
- r – r – r (Gaumen- und Zungen-R)
- f – f – f
- ts – ts – ts
- tsch – tsch – tsch
- p – t – k
- sta – ka – to
- A-po-the-ke-Pe-po-the-ke-O-po-the-ke
- (und die Übungen wieder nach oben bis zum Urlaut)

dabei ist zu beachten,

- dass die Körperbewegung beibehalten wird,
- dass man immer in „der Luft sitzt", also nicht die Knie durchdrückt,
- dass die Tief-, bzw. Wippbewegung dem Atem die Impulse gibt,
- dass man jeder Laut- oder Wortkette wie einem Echo nachlauscht,
- dass man übertriebene und doch lockere Artikulationsbewegungen macht.

Zur Morgengymnastik eignen sich natürlich auch alle Spannungs- und Dehnübungen, wie „Zungenkreisen", „Gähnender Löwe", und „Oboe spielen" (s. S. 45 ff).

Üben an Textbeispielen

Akustische Interaktionsebenen: die „musikalischen" Parameter in der Sprache

Betrachten und vergleichen sie die nebenstehenden Bilder!

Das kleine Mädchen bittet seine Mutter um etwas. Wie müsste die Frage des Mädchens lauten, wenn der gleiche Satz zu allen fünf Bildern passen soll?

Die Frage müsste lauten: „Gibst du mir einen Apfel?"

Wiederholen sie die Bitte des Mädchens fünfmal. Interpretieren sie dabei den gleichen Wortlaut, jeweils einem anderen Bild entsprechend.

Was haben sie in ihrer klanglichen Interpretation modifiziert? Welche Klangparameter haben sie jeweils verändert?

Wie würden sie den jeweiligen Inhalt schriftlich eindeutig darstellen?

Durch Unterstreichen? Durch Nebensätze, wie zu 3.: „Gibst du mir einen Apfel, oder ihm?"

aus: Lisl Hammaleser/Richard Taubald, Musikkassette für die 5. Jahrgangsstufe, Ausgabe B, S.95, © Bayerischer Schulbuch-Verlag, München 1993

Etüden: Üben an Textbeispielen

Unsere Sprache ist sowohl ein geistiges, als auch ein akustisches Phänomen – die Umsetzung von Gedanken in Laute. Jedes Wort setzt sich aus verschiedenen Lauten zusammen und hat bereits seinen eigenen Klang. Nicht selten wird dabei der Inhalt auch lautmalerisch wiedergegeben. Wir hören z.B. die Helligkeit des „E" im Wort „hell" und die Dunkelheit des „U" im Wort „dunkel". Jedes Wort hat eine eigene Melodie, eigene Rhythmik und Betonung. Man höre nur z.B. in die Worte „schnell" und „langsam" hinein.

Jedes Wort erfährt aber darüber hinaus auch eine individuelle Interpretation, es wird in unterschiedliche Zusammenhänge gesetzt, als Folge „komponiert". Und diese Folge wiederum interpretiert jeder Sprecher auch „musikalisch" auf seine eigene Weise, d.h. er nuanciert alle Schallparameter (Höhe, Dauer, Stärke, Farbe) nach

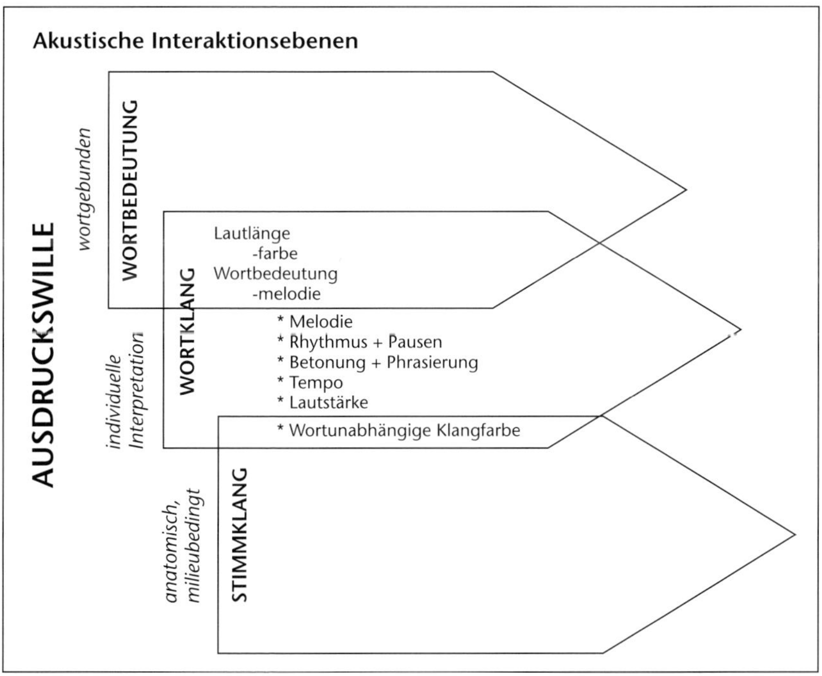

seinem persönlichen Ausdruckswillen. Außerdem moduliert er unabhängig von Wortklang und Satzinterpretation je nach Beziehung zum Gesprächspartner und der Gesprächssituation den Klang seiner Stimme: will er z.B. Nähe herstellen oder trösten, wird er die Lippen zu einer Schnute schürzen, die Stimme also abdunkeln und leise sprechen; will er Distanz schaffen oder die Präzision der Formulierung betonen, so wird er die Zähne fast geschlossen halten, sie zeigen, den Mund zum „E" formen.

Es gibt durchaus Situationen, in denen diese „musikalische" Ebene von größerer Bedeutung ist als die inhaltliche Information: man denke nur an das Gespräch mit einem Schwerkranken, dem man keine rationale Lösung anbieten kann.

Letztlich darf natürlich nicht außer Acht gelassen werden, dass jeder Mensch seine eigene „Stimmanatomie" hat, die sich nach Region und Milieu unterschiedlich entwickelt hat.

Vieles im klingenden Umgang mit Sprache geschieht unbewusst, dem Informationsgehalt entsprechend, dem Ausdruckswillen folgend, von den Emotionen gelenkt, vom Umfeld beeinflusst. Jedoch sind wir auch in der Lage, ganz bewusst zu „musizieren". So muss der Redner je nach Größe des Auditoriums die Parameter ebenfalls vergrößern, der Schauspieler eine Person auch klanglich charakterisieren, der Lehrende Strukturen akustisch hervorheben, der Erzähler und der Lyriker durch Wortwahl Stimmungen schaffen, der Satiriker Inhalt und Klang in gegensätzliche Richtungen steuern.

Was bewirkt der Klang? Zuerst einmal Verständnis! Die einfache Frage „Gibst du mir einen Apfel?" drückt verschiedene Intentionen aus, je nachdem, welches der fünf Wörter ich durch die Tonhöhe, die Betonung und die Dehnung hervorhebe. Der Klang überträgt aber auch den emotionalen Anteil meiner Mitteilung. Er signalisiert, wie lange ich noch reden will, ob ich eine Anwort erwarte, was mir wichtig ist und vieles mehr. Und er zeigt in welcher Beziehung ich zu meinem Gegenüber stehe. Wenn zwei Pesonen sich nicht „verstehen", so liegt es oft am mangelnden „Verständnis" für die andere Person. Die beiden Interpretationen des Begriffes „verstehen“ machen es deutlich: den Wortinhalt einer Nachricht aufgenommen zu haben, heißt noch nicht, das Redeanliegen der anderen Person nachvollziehen zu können, das sich auf der akustischen Ebene mitteilt. So hängt das Verständnis zwischen Sender und Empfänger also auch von der „musikalischen“ Sensibilität beider ab.

Einige wenige der vielfältigen Variationsmöglichkeiten „musikalischer“ Interpretation in der Sprache zeigt der folgende Überblick:

- **Tonhöhe, Melodik**

  a) Signalisieren von Redeabsichten

  Redeabsicht ⇒ Stimmführungen

  – „ich bin fertig mit meiner Aussage.“ ⇒ terminal

  – „ich werde noch weiter sprechen.“ ⇒ progrediente

  – „was hältst du davon?“ ⇒ interrogativ

  b) Signalisieren von Bedeutungen ⇒ steigende Tonhöhe beim Erzählen von Erlebnissen >>> vom Zuhörer wird eine Reaktion erwartet („aha“, „mhm“)

  c) Ausdruck von Skepsis, Ironie ⇒ hohe Tonlage

  d) Zeichen von Unsicherheit ⇒ steigende Tonhöhe (Viele Frauen sprechen mit steigenden Satzmelodien, um nett zu sein. Dagegen wählen Frauen in „Männerberufen“ oft eine tiefere Tonlage, sprechen also „im Brustton der Überzeugung“)

Etüden: Üben an Textbeispielen

- **Phrasen- und Periodenbildung**
  a) Nähe, Selbstverständlichkeit ... ⇒ lange Phrase

  b) Sachlichkeit, Distanz, Autorität,
  Demagogie ... ⇒ kurze Phrasen

- **Tempo, Rhythmus und Akzente**
  Korrelation: betont und lang – unbetont und kurz
  a) grammatikalisch bedingt, z.B.
  – Vorsilbe betont = trennbar/unbetont untrennbar
  – Wort betont,
    – wenn es einen anderen Satz näher bestimmt
    – wenn es das letzte Glied einer Reihung darstellt
    – wenn es sich um ein sinnstarkes Wort in einer Wortgruppe handelt
    – wenn es ein Wort von Gegensatzpaaren ist etc.

  b) individuelle Gewichtung, aber auch

  c) Durchsetzen der eigenen Meinung (den Emfänger nicht zu Wort kommen lassen)

  d) emotionaler Zustand, wie z.B. Erregtheit ...

- **Pausen und Zäsuren**
  a) Gliederung, akustische Nachvollziehbarkeit

  b) Spannungsaufbau

  c) sprechtechnische Notwendigkeit, um die eigenen Gedanken fassen und ordnen zu können

  d) Warten auf Rückmeldung (Bestätigung)

- **Klangfarben und Lautstärken**

Mundform	Klang	Dynamik	Wirkung, Suggestion, Intention
u/o	**dunkel weich**	**pianissimo piano**	Duft, Anmut, Verführung, Leichtigkeit, Werbung, Anbetung, Zärtlichkeit, Lockung, Inbrunst, Sanftheit, Wehmut, Nähe, verhaltene Glut, visionäre Kraft, geheimnisvoller Schauer, Suggestion …
i/e	**hell glänzend**	**mezzoforte forte**	Freude, Jubel, Sieghaftigkeit, Verkündigung, Ruf, Anklage, Tränen, Klage, Empörung, Distanz …
a	**kräftig „männlich“**	**mezzoforte forte**	Pathos, Ernst, Würde, Größe, Feierlichkeit, „Gewicht“, Monumentalität, Prahlen, Großtun …

Üben an Modellsätzen und Textbeispielen

Die Etüden, also Übungen an Textbeispielen, haben unterschiedliche Aufgaben:

- sie trainieren und vertiefen stimm- und sprechtechnische Fertigkeiten im „musikalischen“ Kontext
- sie schulen die „musikalische“ Interpretation von Texten, also den bewussten Umgang mit den verschiedenen Klangparametern (Dauer, Stärke, Höhe, Farbe)
- sie dienen als Modellsätze, z.B. für Zäsursetzung, Tempovariation oder dynamsiche Differenzierung, an denen sich der professionelle Sprecher akustisch orientieren kann

Etüden: Üben an Textbeispielen

Etüde 1

Am Gedicht von Karl Foltz sollen **Atem-, und Artikulationskoordinierung** trainiert werden. Die Verschlusslaute dienen als Trampolin für die Vokale.

34

Karl Foltz

du du kippo kappo

		Ausführung (Rhythmus)
	du, du, kippo, kappo	♩ ♩ ♪ ♪ ♪ ♪
	du, du, mippo, mappo	♩ ♩ ♪ ♪ ♪ ♪
	du, du, lippo, lappo	♩ ♩ ♪ ♪ ♪ ♪
1. Schluss	dudlididupp ! nanana da capo	♪ ♪ ♪ ♩ ♪ ♪ ♪
2. Schluss	dudlididupp ! nanupp	♪ ♪ ♪ ♩ ♪ ♩
	piisera, poosa, piisa	♪ ♪ ♪ ♩ ♪ ♪ ♪
	peesera, poosa, peesa	♪ ♪ ♪ ♩ ♪ ♪ ♪
	paasera, poosa, paasa	♪ ♪ ♪ ♩ ♪ ♪ ♪
1. Schluss	pulla, pulla, pulla ! da capo	♪ ♩ ♪ ♩ ♪ ♩
2. Schluss	pullallalupp ! nanupp	♪ ♪ ♪ ♩ ♪ ♩

aus: Karl Foltz, Ricke Ticke,

Etüden: Üben an Textbeispielen

Etüde 2

Sprechen in einer anderen Sprache bietet die Gelegenheit, gewohnte Sprechmuster zu verlassen, also akustisches Neuland zu betreten. Unsere Stimme und unsere Sprechgewohnheiten sind mit uns gewachsen und haben sich mit uns entwickelt wie unser Aussehen: wir möchten zwar manchmal etwas daran ändern, kommen uns aber schon sonderbar vor, wenn wir nur deutlicher artikulieren sollen. Wenn wir vorlesen, zitieren oder in einer anderen Sprache sprechen, fällt dies oft leichter.

Ein Liedtext oder ein Rap bietet aufgrund der vorgegebenen Rhythmik, die Chance, diese rhythmischen Impulse auf den Atem zu übertragen, gleichzeitig alle Artikulationsbewegungen zu übertreiben (Kieferbewegung, Zähne zeigen, Schnute) und den Klang stark zu variieren (z.B. einige Teile etwas hell und „bissig", andere dunkel und „schmollend").

CD ROM 35

What shall we do with the drunken sailor

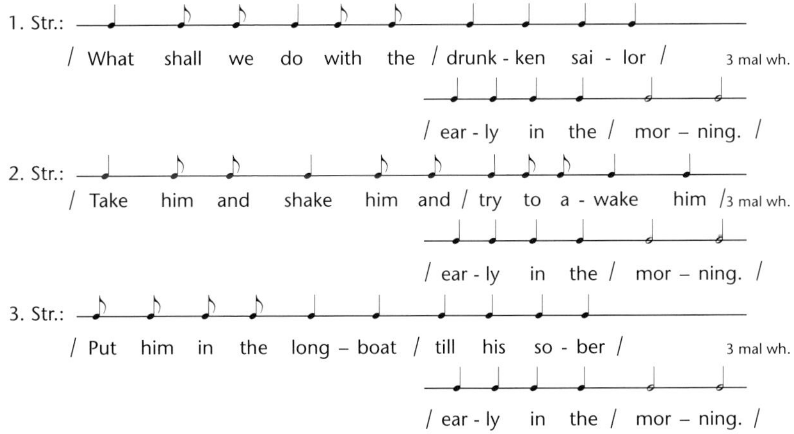

Ausführung:

- Eher leise sprechen
- Sehr impulsive, rhythmisch explosive Artikulation
- Atemimpulse, in Verbindung mit schnellen Kieferbewegungen

Etüden: Üben an Textbeispielen

Sprachimpulse und Sprechrhythmus lassen sich durch Körperbewegungen noch verstärken (s. Warming-up, S. 66 oben oder Haltung, S. 22 oben)

Etüde 3

Die folgenden Etüden üben den **Sprechrhythmus** (und damit wieder die Artikulationsimpulse) und die **Pausen**, die so oft vergessen werden.

Heinz Benker, **Das Orchester** (Ausschnitt)

36

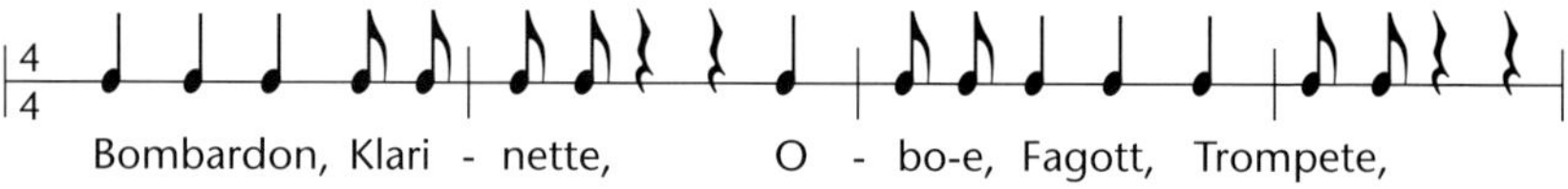

aus: Heinz Benker. Mit Auftakt hebt die Sache an, 22 Sprechstücke für den Schulgebrauch, © Max Hieber Verlag München 1985

Ausführung:

- staccato, federnd, Silbe für Silbe
- aktive Kieferbewegung
- Pausen halten: zur Übung pro Viertelpause das Wort „Pause" sprechen, also: „Bom-bardon, Klarinette, *„Pause Pause"* ... oder jeweils klopfen.

Etüde 4

Im nächsten Stück muss der Sprecher außerdem noch die **Lautstärke differenzieren**. Er darf dabei nicht den Fehler machen den leisen Textteil weniger zu artikulieren.

Heinz Benker, **Fußballreport** (Ausschnitt)

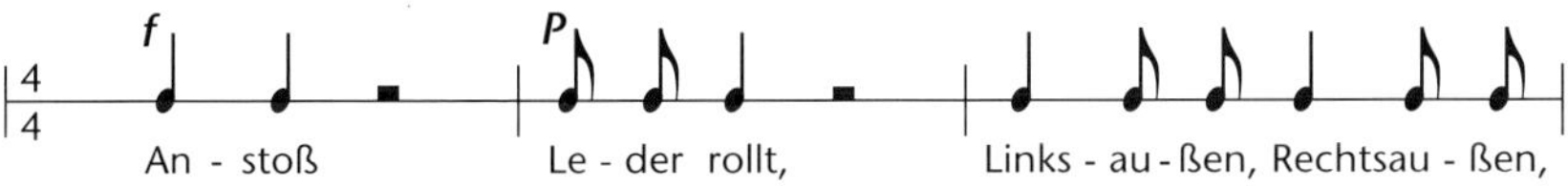

37

aus: Heinz Benker. Mit Auftakt hebt die Sache an, 22 Sprechstücke für den Schulgebrauch, © Max Hieber Verlag München 1985

Ausführung:
- wie oben (pro halbe Pause zweimal klopfen oder „Pause – Pause" sprechen)
- forte (= laut) beginnen, piano (= leise) fortfahren
- bei „Anstoß" schnell den Kiefer bewegen, etwas Schnute bilden (Rufeinstellung), um den harten Vokaleinsatz (Glottisschlag) zu vermeiden (zur Übung: Rufhände)
- ab „Leder rollt" im piano sehr präzise und rhythmisch artikulieren (Zähne zeigen, lächeln, zur Übung: kleiner Finger zwischen den Zähnen im Mundwinkel)

Etüde 5

Je größer das Auditorium, desto ausgeprägter müssen alle klanglichen Parameter (Tonhöhe, Pausen, Tempo, Klangfarbenmodulation ...) sein, nicht nur die Lautstärke. Richtig geübt, hilft der folgende Merksatz, die rhythmisch eingeübten **Pausen** noch länger zu halten und so eine Rede klar zu strukturieren.

Etüden: Üben an Textbeispielen

Ausführung:

- Sprechen Sie den ganzen Merksatz fließend, aber nicht zu schnell.
- Wiederholen Sie den Satz, artikulieren Sie jetzt allerdings die Worte in der Klammer nur pantomimisch, d.h. sie bewegen zwar die Lippen sehr deutlich, es ist aber nicht zu hören.
- Versuchen Sie als nächstes den eingeklammerten Satzteil nur noch zu denken.

Sie werden merken, dass eine lange Pause entsteht,
eine Pause, wie Sie sie normalerweise nie machen,
eine Pause, in der Sie allerdings die Aufmerksamkeit und die Höreinstellung (Lauscheinstellung) nicht verlieren.
Dies ist eine Pause, die für ein größeres Auditorium angebracht ist.
Für diese von Aufmerksamkeit erfüllte Pause ist Ihnen jeder Zuhörer dankbar.

Formulieren Sie auch andere wichtige Sätze aus Ihren Lehrveranstaltungen (Thesen, Problemstellungen, rhetorische Fragen etc.).

Lassen Sie die letzte Hälfte wie ein Echo in Ihrer Vorstellung widerhallen oder tippen Sie einfach einige Male unmerklich mit der Hand auf einen Tisch oder an Ihr Bein. Sie können auch den „Denker" spielen, indem sie zwei- dreimal Ihre Lippen berühren.

Etüden: Üben an Textbeispielen

Etüde 6

Das kleine Heine-Gedicht suggeriert eine heimliche Stimmung. So soll auch die Stimme beim Rezitieren klingen. Die rhythmischen Impulse werden durch lockere Kieferimpulse gegeben und zwar bei **allen Vokalformen** („ü“, „ai“, „i“, „o“)

frei nach Heinrich Heine, **Sprechstück**

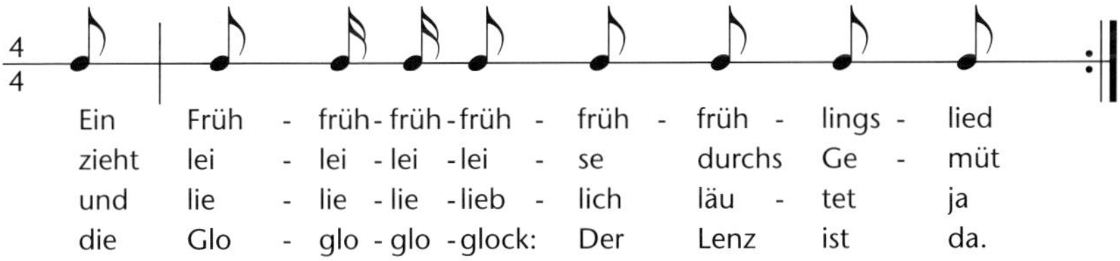

38

aus: Karl Haus, Lied International, S. 245, Bayerischer Schulbuch Verlag München 1986

Ausführung:

- piano
- Stimme klingt weich (Kieferbewegung + leichte Rundung des Mundes)
- Stimmklang linear denken, wie bei einer Melodie (erst langsam sprechen)
- federnde Impulse der Artikulation bringen diese Linie in Bewegung
- übertriebene, aber lockere Artikulationsbewegungen (Kieferöffnungsimpulse, „in die Luft beißen“)
- fröhliches Lächeln
- „inneres Hüpfen“

Etüden: Üben an Textbeispielen

39 Als Rettungsinsel für das etwas **Übertrieben Artikulieren bei weicher Stimmgebung** lässt sich der folgende Satz gut sprechen und merken:

Etüde 7

Die siebte Etüde hebt die perkussive Wirkung der **Verschluss- und Reibelaute** hervor. Die „Maschinenhalle“ klingt fast wie ein Schlagzeug. Beim Üben spürt man deutlich, welchen Druck der **Atem** auf die **Artikulationspunkte der Konsonanten** ausübt.

Heinz Benker, **Maschinenhalle** (Konsonantenmaschine)

40

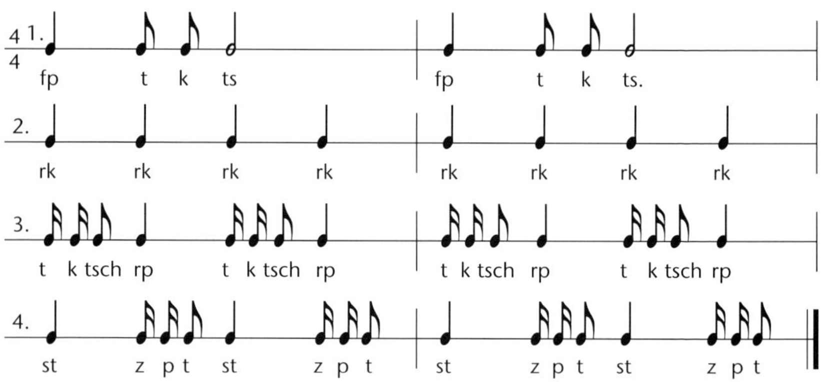

aus: Heinz Benker. Mit Auftakt hebt die Sache an, 22 Sprechstücke für den Schulgebrauch, © Max Hieber Verlag München 1985

Ausführung:

- weit vorne artikulieren (Zähne zeigen, aber Mund nicht zu breit)
- Atemimpulse nach innen (zur Übung vier Zwerchfellimpulse, also Bauchdecke nach innen, pro Takt)
- Achtung: nicht übertreiben, Verspannungsgefahr

Etüden 8 und 9: Rhythmus und Melodie

An den beiden folgenden Texten von Ernst Jandl lassen sich gut zwei unterschiedliche Qualitäten des Sprechens darstellen und üben:

- Das **rhytmische, Impuls gebende Prinzip** der Artikulation, das den Atem ins staccato bringt, im Gedicht „der und die" und
- das **melodische Prinzip** des fließenden Atems bzw. der melodischen „Stimmführung" im „Modell einer einfachen Strophe".

Beide Stimm- und Sprechqualitäten wurden bereits durch eine Reihe von Übungen geschult und mit verschiedenen „Rettungsinseln für die Stimme" abgesichert. Das erste Prinzip wird durch Übungen wie „pop", „Titikaka", „staccatoperson", das zweite durch Übungen wie „Brummlippe", „Urlaut", „wohlige Töne" unterstützt.

Ernst Jandl
der und die

41

kam der und die kam und die kam vor ihm ins tal und
das war der ort und die sah hin und her und tat das
oft und war müd und bös und wie eis und sah hin und
her bis der kam der ins tal kam und nun los und das
eis weg und der kam und der kam nah und kam ihr nah
und war bei ihr und war nah bei ihr und sah auf ihr
hin und her und die war wie für ihn war für ihn ist
was für ihn ist muß mit und den hut und wie der den
zog und zog aug bei aug auf ihr hin und her und ihr
kam der ist wie ein ist was das ist was das ist für
uns nun los und gib wie das eis weg süß und küß bis
ans end der uhr und tag aus aug und ohr weg nur gut
und naß und süß tau mit rum und nun los bot den arm
und gab ihm den und das ohr und das aug und süd und
ost und zog mit ihr mit ihm mit und das tor war los
und die tür und der tag weg mit eis und müd und wut
und hut und der ihr und die ihm und sog kuß aus kuß
und hob und lud sie auf das ist gut ist für uns und
los und ihn biß und der riß und zog und die ihn und
bot ihm naß und süß tau mit rum und sog was der und
der lag auf ihr und zog und tat und riß und biß und
sog und ihr arm und das aug müd und das ohr die tür
zur see und das amt aus und tot und wer vor mir ist
weg ost weg nur ich auf hin und her hin und hin her
hin her hin her bis rot und süß und wut die see ins
tal riß und goß und den ort naß und müd lag auf uns

aus: Ernst Jandl, *poetische werke,* hrsg. Von Klaus sibleweski, Band 3 (sprechblasen & verstreute gedichte 3) © 1997 Luchterhand Literaturverlag GmbH München

Etüden: Üben an Textbeispielen

Ausführung:

- Rhytmus sehr gleichförmig
- jedes Wort absetzen, Wort nicht verbinden
- alle Worte deutlich an- und absprechen, besonders Verschlusslaute (vgl. Übung: „pop")
- deutliche Kieferbewegung und federnder Atem
- keine Sinneinheiten oder Satzbögen bilden
- trotzdem Tonhöhe und Klangfarbe modulieren

Das „modell einer einfachen strophe" lässt eine Ausführung erwarten, in der das erste Wort abgesetzt ist, die zwei Worte der drei nächsten Zeilen jeweils verbunden werden und das letzte Wort wieder durch eine Zäsur für sich alleine gesprochen wird. Dadurch entsteht eine spezielle, immer gleich bleibende **melodische Phrasierung.**

Als **Etüde 7** soll der **Redefluss** der mittleren Zeilen noch erweitert werden, indem man nicht nur die zwei Worte jeder Zeile verbindet, sondern auch noch über das Zeilenende hinweg liest und so einen Bogen über drei Zeilen spannt:

als Modell kann man sich merken:

CD ROM 42

Ernst Jandl
modell einer einfachen strophe

die strophe
diestrophediestrophe
derkontaktderkontakt
diestrophederkontakt
der kontakt

der nerv
dernervdernerv
daswortdaswort
dernervdaswort
das wort

das paar
daspaardaspaar
dienahtdienaht
daspaardienaht
die naht

die achse
dieachsedieachse
dasspieldasspiel
dieachsedasspiel
das spiel

das ziel
daszieldasziel
diespurdiespur
daszieldiespur
die spur

die milch
diemilchdiemilch
derglanzderglanz
diemilchderglanz
der glanz

der traum
dertraumdertraum
diehüllediehülle
dertraumdiehülle
die hülle

die watte
diewattediewatte
dasglückdasglück
diewattedasglück
das glück

das kind
daskinddaskind
derefeuderefeu
daskindderefeu
der efeu

der graf
dergrafdergraf
dasgrasdasgras
dergrafdasgras
das gras

das kabel
daskabeldaskabel
dienarbedienarbe
daskabeldienarbe
die narbe

die kurve
diekurvediekurve
derblitzderblitz
diekurvederblitz
der blitz

der draht
derdrahtderdraht
diewangediewange
derdrahtdiewange
die wange

die liebe
dieliebedieliebe
derknopfderknopf
dieliebederknopf
der knopf

der durft
derduftderduft
dasechodasecho
derduftdasecho
das echo

das bad
dasbaddasbad
dienußdienuß
dasbaddienuß
die nuß

die ader
dieaderdieader
derfilmderfilm
dieaderderfilm
der film

der gummi
dergummidergummi
diewolkediewolke
dergummidiewolke
die wolke

die rose
dierosedierose
dasbierdasbier
dierosedasbier
das bier

das klima
dasklimadasklima
derpsalmderpsalm
dasklimaderpsalm
der psalm

der spiegel
derspiegelderspiegel
dieklammerdieklammer
derspiegeldieklammer
die klammer

die säge
diesägediesäge
dergrußdergruß
diesägedergruß
der gruß

der wirt
derwirtderwirt
daslaubdaslaub
derwirtdaslaub
das laub

das mädchen
dasmädchendasmädchen
diemuscheldiemuschel
dasmädchendiemuschel
die muschel

die orgel
dieorgeldieorgel
dertriebdertrieb
dieorgeldertrieb
der trieb

der kuß
derkußderkuß
dasgasdasgas
derkußdasgas
das gas

das kreuz
daskreuzdaskreuz
diespulediespule
daskreuzdiespule
diespule

die drüse
diedrüsediedrüse
derprinzderprinz
diedrüsederprinz
derprinz

der zucker
derzuckerderzucker
dieraketedierakete
derzuckerdierakete
die rakete

die zunge
diezungediezunge
derkanalderkanal
diezungederkanal
der kanal

der knall
derknallderknall
diekehlediekehle
derknalldiekehle
die kehle

die kälte
diekältediekälte
dergriffdergriff
diekältedergriff
der griff

der kopf
derkopfderkopf
diehupediehupe
derkopfdiehupe
die hupe

die ziffer
diezifferdieziffer
derschneederschnee
dieziffererderschnee
der schnee

der puls
derpulsderpuls
dasnetzdasnetz
derpulsdasnetz
das netz

das atom
dasatomdasatom
deratemderatem
dasatomderatem
der atem

der schlaf
derschalfderschlaf
dasschilfdasschilf
derschlafdasschilf
das schilf

___ ______
____
____
____
___ ______

die ruhe
dieruhedieruhe
dassalzdassalz
dieruhedassalz
das salz

Etüde 10: Bogen und Zäsur

Den sowohl inhaltlichen als auch melodischen Redefluss beizubehalten, bereitet im freien Vortrag oft Schwierigkeiten, da wir unsere Gedanken erst ordnen müssen und sie, bevor wir sprechen, nicht klar vor Augen haben. Die Konzentration beim „Verfertigen der Gedanken beim Sprechen" führt daher oft zu Verspannungen im Stimmapparat, so wie das Vom-Blatt-Singen ohne genaue Klangvorstellung die Stimme des Sängers belastet. Auch für den Zuhörer ist dieses Sprechen im „stop-and-go"-Rhythmus mit seinen Stockungen, unvollständigen Sätzen und angespanntem Klang eine Hörbelastung. Als Stimmschoner (ähnlich dem Bildschirmschoner der Computer) schleichen sich bei vielen Rednern Partikel („äh") ein. Diese sind zwar für die Stimme des Sprechers harmloser als viele harte Einsätze, für den Zuhörer aber auf Dauer noch langweiliger.

Um den **melodischen Phrasierungsbogen ohne lästige Unterbrechungen** spannen zu können, ist es notwendig sich auf eine **klare Zäsursetzung** zu konzentrieren. Bewusster Umgang mit Melodiebogen und Zäsur bringt viele Vorteile:

- der Sprecher hat Zeit, seine Gedanken zu ordnen
- dem Hörer bleibt die Zeit, diese Gedanken aufzunehmen
- der Sprecher schont seine Stimme, wenn er in Spannungsbögen spricht, die Stimme also zwischen den Zäsuren jeweils Spannungen allmählich auf- und abbaut und der Ablauf nicht gehemmt wird
- für den Zuhörer werden Gliederungsmomente deutlicher
- der Sprecher signalisiert durch die Länge der melodischen Phrase die Bedeutung des Gesagten (Wichtiges wird in kurzen Phrasen dargestellt, Nebensätze, Selbstverständliches, Beispiele u.ä. in längeren beschleunigten Phrasen)
- für den Zuhörer steigert sich je nach Steigerung der Tonhöhe und der Zäsurdauer die Spannung

Etüden: Üben an Textbeispielen

In einem Bogen bis zur **Zäsur.**

43

Ich mache eine Zäsur — und beende den Satz in einem Bogen.
Hier steh ich nun, ich armer Tor. — und bin so klug als wie zuvor.

Ich mache eine Zäsur, — führe den Satz weiter — und beende ihn in einem Bogen.
hier steh ich nun, — ich armer Tor, — und bin so klug als wie zuvor.

Ich mache eine Zäsur, — führe den Satz weiter — und beende ihn — in einem Bogen.
Hier steh ich nun, — ich armer Tor, — und bin so klug — als wie zuvor.

Ausführung:

- beim kurzem Modellsatz beginnen
- Steigerung aufbauen
- Pausen halten (auch in Blick und Körperhaltung)
- wie lange ich eine Zäsur halten kann, hängt von der Steigerung der Tonhöhe ab (vgl. Sprungschanze: je steiler die Schanze, desto länger der Flugweg)

Etüden: Üben an Textbeispielen

Etüden 11 und 12: Klangfarbe

Die beiden folgenden Gedichte geben einen guten Einblick in die Klangkomposition von Poesie. Bei Joseph von Eichendorff unterstützen die **Vokalklänge** der betonten Silben in den Reimwörtern die Stimmung der jeweiligen Strophe:

Strophe:	1	2	3	4	5	6
Vokale:	e, a	i, e	i, a, ü	o, u	u, a	e, i

Im Text von Lewis Carroll werden besonders **Konsonanten und Konsonantballungen** lautmalerisch eingesetzt.

Bei der Rezitation der Texte sollte man versuchen, dem Inhalt gerecht zu interpretieren, die Klangfarben aber durchaus etwas stärker als beim normalen Lesen „malen". Man denke dabei an die Projektion in einem größeren Saal.

Joseph von Eichendorff

Die zwei Gesellen

Es zogen zwei rüstge Gesellen
Zum erstenmal von Haus,
So jubelnd recht in die hellen,
Klingenden, singenden Wellen
Des vollen Frühlings hinaus.

Die strebten nach hohen Dingen,
Die wollten trotz Lust und Schmerz,
Was Rechts in der Welt vollbringen,
Und wem sie vorübergingen,
Dem lachten Sinnen und Herz.

Der erste, der fand ein Liebchen,
Die Schwieger kauft Hof und Haus;
Der wiegte gar bald ein Bübchen,
Und sah aus heimlichem Stübchen
Behaglich ins Feld hinaus.

Dem zweiten sangen und logen
die tausend Stimmen im Grund,
Verlockend' Sirenen, und zogen
Ihn in der buhlenden Wogen
Farbig klingenden Schlund.

Und wie er auftaucht vom Schlunde,
Da war er müde und alt,
Sein Schifflein, das lag im Grunde,
So still wars rings in der Runde,
Und über den Wassern wehts kalt.

Es singen und klingen die Wellen
Des Frühlings wohl über mir:
Und seh ich so kecke Gesellen,
Die Tränen im Auge mir schwellen –
Ach Gott, führ uns liebreich zu Dir!

Lewis Carroll

Der Zipferlake

Verdaustig wars, und glasse Wieben
Rotterten gorkicht im Gemank;
Gar elump war der Pluckerwank,
Und die gabben Schweisel frieben.

„Hab acht vorm Zipferlak, mein Kind!
Sein Maul ist beiß, sein Griff ist bohr!
Vorm Fliegelflagel sieh dich vor,
Dem mampfen Schnatterrind!“

Er zückt' sein scharfgebifftes Schwert,
Den Fein zu futzen ohne Saum,
Und lehnt sich an den Dudelbaum
Und stand da lang in sich gekehrt,

In sich gekeimt, so stand er da:
Da kam verschnoff der Zipferlak
Mit Flammenlefze angewackt
Und gurkt' in seiner Gier.

Mit eins! und zwei! und bis aufs Bein!
Die biffe Klinge ritscheropf!
Trennt er vom Hals den toten Kopf,
Und wichernd sprengt er heim.

„Vom Zipferlak hast uns befreit?
Komm an mein Herz, aromer Sohn!
O blumer Tag! O schlusse Fron!“
So kröpfte er vor Freud.

Verdaustig wars und glasse Wieben
Rotterten gorkicht im Gemank;
Gar elump war der Pluckerwank,
Und die gabben Schweisel frieben.

aus: Lewis Carroll, Alice hinter den Spiegeln, © Insel Verlag, Frankfurt 1998

Etüden: Üben an Textbeispielen

Etüde 13: Klare Aussprache

Um die Reinheit der „Lautung", also der **Artikulation und Lautformung** zu üben, findet man in der Literatur zur Sprecherziehung eine Reihe skurriler Dichtungen (z.B. in „Der kleine Hey"). Diese Texte wurden speziell nach sprechtechnischen Aspekten und zum Training jeweils eines bestimmten Lautes geschrieben und berücksichtigen so alle lautsprachlichen Notwendigkeiten.

Auch im Volksmund stößt man auf zahlreiches Übungsmaterial zur Verbesserung der Sprechtechnik und der klaren Aussprache. Die folgende Sammlung von Zugenbrechern umfasst zwar nicht, wie manches Lehrwerk, alle Lautungsformen, dafür lassen sich die einzelnen Sätze im Gegensatz zu den längeren „Lehrgedichten" schnell im Gedächtnis behalten und so auch akustisch verinnerlichen.

Zungenbrecher

- [läut] — Der Leutnant von Leuthen befahl seinen Leuten, nicht eher zu läuten, bis der Leutnant von Leuten seinen Leuten das Läuten befahl.
- [s] — Esel essen Nesseln gern. Nesseln essen Esel gern.
- bl/br — Bald blüht breitblättriger Wegerich; breitblättriger Wegerich blüht bald.
- bl/br/kl/kr — Blaukraut bleibt Blaukraut und Brautkleid bleibt Brautkleid.
- brau — Brauchbare Bierbrauerburschen brauen brausendes Braunbier.
- d — Der dicke Dachdecker deckte dir dein Dach.
- d — Der dicke Dirk trug den dünnen Dirk durch den dicken, tiefen Dreck. Da dankte der dünne Dirk dem dicken Dirk, dass der dicke Dirk den dünnen Dirk durch den dicken tiefen Dreck getragen hatte.

• Essig	Wie oft ess' ich Essig, ess' ich Essig im Salat.
• f/sch/tz	Fischers Fritz fischt frische Fische; frische Fische fischt Fischers Fritz.
• fl/ß	Der fließende Fluss voller Floße mit flößenden Schiffern.
• fliegen	Wenn Fliegen hinter Fliegen fliegen, fliegen Fliegen hinter Fliegen her.
• gr/kr(iechen)	Wenn Griechen hinter Griechen kriechen, kriechen Griechen hinter Griechen her.
• h	Hinter Herrmann Hahnes Haus hängen hundert Hemden raus. Hundert Hemden hängen raus hinter Herrmann Hahnes Haus.
• h	Hänschen hetzt hundert Hunde hinter hundert Hasen her.
• h	Hinter Hansens Hühnerhaus hüpfen hundert Hühner raus.
• k/kl/f/fl/i	Im klitzekleinen Kino flimmern viele flinke Flimmerfilme.
• k	Kaiser Karl kann keine Kartoffelklöße kochen.
• k/kl/kn	Kein Kleinkind kann Kirschkerne knacken.
• Kessel	Der Kesselschmied Kessel hat einen Schmiedekessel aus der Kesselschmiede gestohlen und hat ihn beim Kesselschmied Kesselkupfer für einen neuen Kupferkessel verkauft.
• klapp/schlapp	Es klapperten die Klapperschlangen bis ihre Klappern schlapper klangen.
• kommen	Es kann vorkommen, dass die Nachkommen mit dem Einkommen nicht auskommen und umkommen.

Etüden: Üben an Textbeispielen

• m	Meister Müller, mahl mir eine Metze Mehl; meine Mutter muss mir morgen Milchmus machen.
• p/k/ts/tsch/st	Der Potsdamer Postkutscher putzt den Potsdamer Postkutschkasten.
• p/k/ts/tsch/st	Der Cottbusser Postkutscher putzt den Cottbusser Postkutschkasten.
• rmchen	Auf dem Türmchen steht ein Würmchen mit dem Schirmchen unterm Ärmchen. Kommt ein Stürmchen, bläst das Würmchen mit dem Schirmchen unterm Ärmchen vom Türmchen.
• robben	Wenn Robben hinter Robben robben, robben Robben Robben hinterher.
• s/sch/st/zw	Sechsundzwanzig Stück sächsische Schuhzwecken.
• sch	Schneiders Schere schneidet schnell.
• sp/schm/schn	Fetter Speck schmeckt der Schnecke schlecht; schlecht schmeckt der Schnecke fetter Speck.
• st	Staunend stand ich am Gestade, stieß den Stock an einen Stein.
• t	Thomas trank tausend Tassen Tee; tausend Tassen Tee trank Thomas
• ul/mn	In Ulm und um Ulm und um Ulm herum.
• w/sch/s	Wir Wiener Waschweiber würden weiße Wäsche waschen, wenn wir wüssten, wo warmes Wasser wär.
• w/sk/xt	Der Wiskymixer mixt den Wisky im Wiskymixer.
• weiß	Wer nichts weiß und weiß, dass er nichts weiß, weiß viel mehr als der, der nicht weiß, dass er nichts weiß.

Etüden: Üben an Textbeispielen

- z — Am Zehnten Zehnten zogen zehn zahme Ziegen zehn Zentner Zucker zum Zoo.
- zw/sp/st — Zwischen zwei spitzen Steinen zischen zwei Schlangen.
- zw/tsch — Zwischen zwei Zwetschgenzweigen sitzen zwei zwitschernde Schwalben.

Komposition und Interpretation eines Vortrags

Redebeispiele

Die vier folgenden Texte dienen als Material zum Analysieren und Üben:

- Lesen Sie die Reden.
- Beachten Sie Satzlängen und -formen.
- Untersuchen Sie, inwiefern die Satzlänge und Zäsur positive, aber auch negative Wirkung erzielen kann („kurz und bündig" kann auch plakativ und demagogisch wirken).
- Achten Sie auf rhetorische Mittel (vgl. S. 114 ff).
- Tragen Sie die Texte laut vor.
- Zeichnen Sie hierzu Zäsuren ein.
- Machen Sie Pfeile für Beschleunigungen und Verzögerungen.
- Unterstreichen Sie Worte oder Teile, die Sie hervorheben wollen.
- Ändern Sie die Texte nach ihrem Gefühl ab.
- Bauen Sie wörtliche Reden ein (z.B. Wie oft hörten wir die Klagen aus dem Publikum: „Ich kann die Schauspieler nicht mehr verstehen!").
- Untersuchen Sie, wo solche wörtlichen Reden die Textdramatik verstärken.
- Nehmen Sie ihren Vortrag mit einer Videokamera auf und korrigieren Sie sich anhand des Diagnosebogens (s. S. 130/131).

August Everding

Freie Rede darf Menschen nicht unfrei machen

Wie oft hörten wir Klagen aus dem Publikum, dass man die Schauspieler gar nicht verstünde – akustisch –, sie könnten nicht mehr sprechen, nicht artikulieren. Die Klage war oft berechtigt. Die Ursache aber nicht nur Sprachfaulheit. Es begann in den endsechziger Jahren, dass Schauspieler nicht mehr „gut" sprechen wollten, jedes Bardentum sollte vermieden werden. Man wollte sich dem Publikum nicht an den Hals werfen. Sie sollten gefälligst besser aufmerken. Auch der Sprechunterricht in den Schauspielschulen ließ nach. Das Knurren, Knarzen und „Weg-Sprechen" wurde eine Ausdrucksform. Manche sprachen auch bewusst so leise, dass das Publikum empört reagierte. Viele Stücke vermieden auch jede gehobene Sprache, um nicht in den Verdacht der lügnerischen „Schauspielerei" zu kommen.

Sie wissen, wie sich formal die Darstellung der Klassiker veränderte. Das geschah auch aus dem Grund, dass man der festgefahrenen Form überdrüssig war, dass man die Seh- und Hörgewohnheiten, die sich einge„bürgert" hatten, stören wollte.

Das alles hat sich in den letzten Jahren wieder gewandelt. Schauspielschulen legen großen Wert auf Sprecherziehung. Man hat den Hochmut gegenüber dem Publikum in vieler Weise gelassen, man will verstanden werden, will erreichen.

Mit Schmunzeln beobachte ich, wie die Rhetorik wieder den ihr gebührenden Platz erhält. Manchmal denke ich daran, eine Rhetorikschule zu eröffnen für Politiker, für Geistliche, für Vorstände.

Nicht die Rhetorik, die in selbstgefälliger Weise täuscht und mehr überredet denn überzeugt. Eine Rhetorik, in der Form und Inhalt kongruent sind.

Was politische Rhetorik angeht, sind wir gebrannte Kinder. Das „Wollt ihr den totalen Krieg" vergisst man nie – auch nicht das zustimmende Gebrüll der Tausende. Wenn Hitler in Wien den Eintritt „seines Volkes in die Geschichte" vermeldete, konnte man nicht glauben, dass diese Verführungsrede nur Zustimmung fand.

Die Reden eines Cicero sind Lehrbeispiele für geschliffene, kluge Reden, aber auch Abraham a Santa Clara schwemmte durch formulierte Gefühle die Einwände weg.

Ich erinnere an die aufrührerischen Reden des Pater Leppich und manche Meisterleistung im Bundestag.

Die Kultur der Rede ist verflacht. Wie spannend waren die Rededuelle mit Meinung und Gegenmeinung an zwei Ambonen und der Conclusio am Schluss. Aus der freien Rede wurde vielfach eine abgelesene, vorformulierte, stereotype Vorlesung. In Amerika weiß man bei jeder Rede, dass sie mit einer Anektote beginnt, um aufmerksam zu machen, dann wird es ernst und sachlich und endet beschwingt. Bei uns folgt Rede auf Rede, oft mit dem selben Inhalt, und Karl Valentin sagt dazu mit Recht: „Es ist alles gesagt, aber noch nicht von allen."

Mit Befremden bemerke ich, dass das „Volk" wieder emotional auf Reden reagiert, unüberlegend. Wenn eine inhaltlich schwache, formal mitreißende politische Rede alle umdrehen kann – so gibt es zu denken. Wenn ein prinzessliches Interview, mit großen Augen und dunkler

Stimme vorgetragen, einem Volk neue Sympathien entlocken kann, dann lässt das wieder fragen, ob die Stimmen der meisten die Stimmen der Besten sind. Die freie Rede ist eine hohe Begabung des Menschen, sie darf nicht unfrei machen.

Kolumne aus der „Welt am Sonntag" vom 3. Dezember 1995. Zitiert aus: August Everding, Zur Sache, wenn's beliebt. Reden, Vorträge und Kolumnen, © 1996 by Wilhelm Heyne Verlag GmbH & Co. KG München

Nikolaus Drebinger

Rede anlässlich einer Informationsveranstaltung zum Übertritt auf das Gymnasium

Also lautet ein Beschluss
dass der Mensch was lernen muss.

Liebe Eltern,
liebe Schülerinnen und Schüler,
meine sehr verehrten Damen und Herren,

Wilhelm Busch verrät uns leider nicht, wer hier zu diesem Beschluss gekommen ist. Handelt es sich etwa um einen ministeriellen Beschluss über die Schulpflicht? ... oder über Schullaufbahnregelungen?

Oder meint der Dichter es in dem Sinne:

Eltern kommen zu dem Schluss,
dass das Kind was lernen muss?
... und auf das Gymnasium geht.

Denn der Gesetzgeber räumt Ihnen, liebe Eltern, auch bei der Schulwahl die größte Verantwortung ein. Durch die Neuregelung des Übertritts ist diese Verantwortung noch erweitert worden: Denn selbst, wenn Ihr Kind den erforderlichen Durchschnitt nicht erreicht, selbst wenn das Gutachten der Grundschule vom Übertritt abrät, können Sie sich nach einem Beratungsgespräch für den Übertritt entscheiden.

Der Psychologe unter uns wird Wilhelm Buschs Satz ganz anders verstehen; er erkennt den Menschen als vernunftbegabtes Geschöpf:

denn s' ist in der Schöpfung Plan
dass der Mensch was lernen kann.

Der Mensch ist ein intelligentes Wesen; vom ersten Moment seines Lebens an ist er in der Lage, eine Menge von Informationen zu verarbeiten; er ist in der Lage diese Informationen für andere Lebenssituationen zu nutzen. Diese „allgemeine Fähigkeit eines Individuums, sein Denken bewusst auf neue Forderungen einzu stellen", wie Stern es definiert, entwickelt sich bereit in frühen Jahren und ist nach wenigen Jahren abgeschlossen.

Warum sich dann am Gymnasium noch weiter quälen und das Gehirn trainieren?

Weil neben der Grundintelligenz (flüssige Intelligenz) auch noch fachspezifische kognitive Fähigkeiten entwickelt werden können. Diese (kristallisierte Intelligenz) wächst mit zunehmendem Wissen und Alter weiter.

Der Pädagoge kann dabei helfen: er stimuliert die Fähigkeiten des Lernenden, er setzt ihm Geistesfutter vor. Dies ist zwar sehr nahrhaft, aber nicht immer nach „Jederkinds" Geschmack. Nun wissen wir aus Langzeitstudien: Intelligenz ist zwar die wichtigste Eingangsvoraussetzung für den Schulerfolg, über die Dauer der Schulzeit hin hängt der Erfolg jedoch mehr von der Anstrengungsbereitschaft des Einzelnen ab als von seinen kognitiven Fähigkeiten.

Wir Lehrer wissen: die Autorität eines Beschlusses reicht heute nicht mehr aus, um einen Jugendlichen zum Lernen zu bewegen.

Wir sehen es lieber, wenn ein Kind von sich aus etwas lernen will, also:

Besser finden wir den Stil,
wenn der Mensch was lernen will.

Liebe Eltern,

Sie haben nun die Entscheidung zu fällen: welchen weiteren Ausbildungsweg soll mein Kind einschlagen. Sie haben ihr Kind gefragt, Sie haben es bei häuslichen Arbeiten beobachtet, Sie haben mit den Grundschullehrerinnen gesprochen, sie kommen zu dieser Informationsveranstaltung.

Wir können sie beraten, entscheiden müssen Sie.

Die Entscheidung darf aber nicht von Ihrem Wunsch, von Ihrem Willen gelenkt sein. Die Entscheidung muss die Entwicklungsstufe, Fähigkeiten, die Neigungen und den Wunsch Ihres Kindes berücksichtigen.

Bedenken Sie bitte:
Ziemlich schnell führt's zum Verdruss
wenn der Mensch was lernen muss

leichter kommt er an das Ziel,
wenn der Mensch was lernen will"

Gedenkrede zur Reichspogromnacht

Die Reichspogromnacht wurde nach dem in der Nacht vom 9. auf den 10. November 1938 zertrümmerten Glas aus „Kristallnacht" genannt. In dieser Nacht betraten die Nationalsozialisten Adolf Hitlers unter totalem Verzicht auf eine rechtliche Begründung mit zahlreichen Verwüstungsaktionen eine neue Stufe der Judenverfolgung in Deutschland.

Am 7. November erschoss Herschel Crynszpan in Paris den deutschen Botschaftssekretär E. vom Rath. Unter dem Deckmantel „spontaner Kundgebungen" zerstörten auf Initiative von Reichspropagandaminister Goebbels NSDAP-Trupps jüdische Friedhöfe, Synagogen, Wohn- und Geschäftshäuser. Im Verlauf des Pogroms fanden 91 Juden den Tod. Mehr als 30.000 jüdische Mitbürger wurden auf einen Schlag verhaftet und anschließend in Konzentrationslager gesperrt.

Demut und Ehrfurcht, Trauer und Scham empfinde ich an diesem heutigen Jahrestag der Pogrome, jener mit unzähligen Plünderungen und Gewalttaten verbundenen Ausschreitungen gegen die Juden in Berlin und anderswo während der wohl dunkelsten November-Nächte in Deutschland.

Meine sehr geehrten Damen und Herren!

In diesen düsteren Tagen unserer Geschichte hatte sich die Gesellschaft in Deutschland selbst ruiniert, weil sie nicht aufstand, nicht Einhalt gebot, nicht dem Wahnsinn, dem Ungeist das Handwerk legte. In diesen Tagen und Nächten im November 1938 wurde die damalige Gesellschaft verantwortlich für die Ruinen, für Schutt, für Asche.

Doch nicht nur für ausgeglühte Gebäude, sondern vor allem für die Ruinen in den Köpfen und Herzen vieler Menschen.

Eine bewusste „Spurensicherung" ist heute mehr denn je erforderlich, je weniger Opfer noch Zeugnis ablegen können. Spurensicherung muss zu einem Beitrag im Widerstand gegen das Vergessen werden. Denkmäler alleine werden das nicht leisten können, so notwendig sie auch sind.

Der 9. November soll als Tag des Gedenkens in unseren Köpfen verankert bleiben. Dies um so mehr, als am 9. November 1989, also 51 Jahre nach dem unmenschlichen Wüten der Nationalsozialisten gegen die Juden, die Berliner Mauer durch eine friedliche Revolution der damaligen DDR-Bürger geöffnet wurde.

„Das beste Dokument, das man für die Opfer schaffen kann, ist eine Gesellschaft ohne Antisemitismus, ohne Rassismus, eine Gesellschaft, die von Toleranz und Humanität geprägt ist", sagt einmal Joke Kniesmeyer vom Anne-Frank-Zentrum in Berlin. Das ist unsere bleibende Verpflichtung. Erhalten wir die Spuren des Grauens lesbar. Das schulden wir den jüdischen Opfern.

aus: J. Müller (Hrsg.), Die besten Reden von A bis Z, © Verlag für deutsche Wirtschaft AG, Bonn 1999

Charles de Gaulle (1890–1970)

Ansprache „An alle Franzosen“ über Radio London, 18. Juni 1940

Frankreich hat eine Schlacht verloren.

Aber Frankreich hat n i c h t/
den Krieg verloren!

Eine Regierung,/
die der Zufall zusammenwürfelte,/
hat die Waffen gestreckt.

Sie ließ sich/
von der Panik anstecken,/
sie warf Frankreichs Ehre weg/
und lieferte das Land/
der Sklaverei aus.

Aber noch/
ist nicht verloren,/
weil d i e s ein Welt-Krieg ist!

Die freie Welt/
hat ihre immensen Streitkräfte/
n o c h n i c h t eingesetzt.

Eines Tages/
werden sie den Feind zerschmettern!

An jenem Tage muss Frankreich/
auf Seiten der Sieger stehen:

Dann wird es/
Freiheit und Größe wiedergewinnen.

D i e s ist mein Ziel,/
mein e i n z i g e s Ziel!

Darum fordere ich alle Franzosen auf,/
wo sie sich auch befinden mögen,/
sich mir anzuschließen,/
im Handeln, in der Opferbereitschaft
und in der Hoffnung!

Unser Vaterland/
ist in Todesgefahr.

Kämpfen wir um seine Rettung!

E s l e b e F r a n k r e i c h !

Charles de Gaulle, „A tous les Francais", zitiert aus: Marie-José Hinnewinkel, Jean-Claude Hinnewinkel, Jean-Michel Sivirine, Marc Vincent, Histoire cours moyen, Editions Nathan, Paris 1986, übersetzt aus dem Französischen von Elfriede Otto, München

Die Redegliederungen der Antik und heute

In der Antike wurden Reden nach klaren Strukturen entwickelt, Strukturen, die dazu dienten, das Auditorium Schritt für Schritt an die eigenen Gedanken zu binden und zu überzeugen.

Da man aber wusste, dass der Eindruck einer Rede auf die Zuhörer nicht nur von Inhalt und Aufbau der Rede abhängt, wurden die Texte auswenig gelernt und auf ihre klangliche Wirkung hin geübt.

Die Redegliederung der Antike

1. **EXORDIUM:** Aus dem Beginn der Rede, Zielangabe
   Praxisbeispiel: „Meine sehr verehrten Damen und Herren, mein Thema heute lautet …"
2. **CAPTATIO BENEVOLENTIAE:** Gefangennehmen des Wohlwollens
   Praxisbeispiel: „Ich spreche hier vor Fachleuten und kann deshalb auf Verständnis hoffen …"
   (PROLEPSIS: Vorwegnahme gegnerischer Einwände, nur vor einem feindlichen Publikum)
3. ***NARRATIO:*** Erzählung, Beschreibung, Aufzeigen (eines Falles)
   Praxisbeispiel: „Jeder von uns kennt doch aus der Praxis folgenden Fall …"
4. **ARGUMENTATIO auch CONFIRMATIO:** Argumentation, auch Bekräftigung – Sagen
   Praxisbeispiel: „Daraus wird eindeutig klar, dass …"
5. **REFUTATIO:** Zurückweisung, Widerlegung gegnerischer Einwände
   Praxisbeispiel: „Nun gibt es aber Leute, die behaupten allen Ernstes, dass … Aus dem … und dem Grund … ist jedoch mit Entschiedenheit zu erwidern … Wer da noch …"

6. CONCLUSIO auch EPILOGUS: Folgerung, Schluss, auch Nachwort
Praxisbeispiel: „Deshalb rufe ich Sie auf (Ihnen zu) …“

vgl. Krauss, W., Grundprobleme der Literaturwissenschaft, Hamburg
Aristoteles, Rhetorik III/13–19
Cicero, de Oratore, II/§§ 307–333
H. Fey, Redetraining als Persönlichkeitsbildung, Berlin, 1993

Innerhalb dieses Formgerüstes baute der Redner der Antike seinen Vortrag. Wie es Ziel der Gliederung war, die Inhalte akustisch nachvollziehbar zu ordnen, so war es Ziel der Wortwahl und des Satzbaus, Aussagen im Gedächtnis des Zuhörers zu verankern. Um dies zu erreichen, wurde nicht nur der Verstand, sondern auch das Gefühl angesprochen. Dazu bediente sich der klassische Redner einer Reihe **rhetorischer Mittel**.

Diese rhetorischen Mittel können auch heute einen Vortrag spannender gestalten. Der Vortragende muss selbst abwägen, ob und wann ihm der Einsatz solcher Mittel zu suggestiv und plakativ erscheint.

Manche dieser rhetorischen Mittel, wie zum Beispiel die Anapher, helfen aber auch ganz schlicht bei der Strukturierung der Inhalte und damit gleichzeitig, den Redefluss beizubehalten und die Stimme zu schonen.

- **EUPHEMISMUS:** beschönigende Umschreibung eines negativen Sachverhaltes.
  Praxisbeispiel: „vollschlank“
- **EMPHASE:** nachdrückliche, feierliche Betonung.
  Praxisbeispiel: „… dies bleibt immer und ewig …“
- **HYPERBEL:** Übertreibung eines Ausdrucks im vergrößernden oder verkleinernden Sinn.
  Praxisbeispiel: „blitzschnell“

Komposition und Interpretation eines Vortrags

- **ANAPHER:** Wiederholung eines Wortes oder einer Wortgruppe zu Beginn aufeinanderfolgender Sätze oder Satzteile.
  Praxisbeispiel: „Wer nie sein Brot mit Tränen aß, wer nie die kummervollen Nächte auf seinem Bette weinend saß …" (Goethe)
- **KLIMAX:** stufenweise Steigerung im Aussageinhalt.
  Praxisbeispiel: „Veni, vidi, vici" : „Ich kam, ich sah, ich siegte"
- **RHETORISCHE FRAGE:** auf die keine Antwort erwartet wird, die also eine indirekte Behauptung ist.
  Praxisbeispiel: „Ist das nicht selbstverständlich …?"
- **SCHEINDEFINITION:** eine Scheindefinition gibt vor, einen Begriff oder Sachverhaltdefinitorisch zu klären, bezeichnet aber in Wirklichkeit die subjektive Sicht des Redners.
- **CHIASMUS:** kreuzweise syntaktische Stellung von aufeinander bezogenen Redeteilen.
  Praxisbeispiel: „Groß war der Aufwand, der Gewinn war klein"
- **PARALLELISMUS:** inhaltlich und grammatisch gleichmäßiger Bau von Satzgliedern oder Sätzen.
  Praxisbeispiel: „Groß war der Aufwand, klein war der Gewinn"
- **METAPHER:** bildliche Übertragung, meist eines konkreten Begriffes auf einen abstrakten, aufgrund eines Vergleichs.

- **PERSONIFIKATION:** Vermenschlichung von leblosen Dingen.
  Praxisbeispiel: „Die Sonne lacht“

Das vorliegende Übungsbuch versteht sich nicht in erster Linie als Rhetorikschule. Anweisungen für das Verfertigen von Reden lassen sich in zahlreichen Veröffentlichungen zum Thema „Angewandte Rhetorik“ finden. Trotzdem müssen auch bei der Arbeit mit der „Klingenden Seite der Rhetorik“ die Form und der Aufbau einer Rede berücksichtigt werden, denn

- ein klares Formbewusstsein schont die Stimme. Wie der geübte Umgang mit Melodiebogen und Zäsur, so geben auch Formmodelle dem Redner ein Gefühl der Sicherheit. Er ist während des freien Redens nicht ständig gezwungen, seine Gedanken völlig neu zu ordnen, sondern hat die Möglichkeit, wie in der musikalischen Improvisation, sich in gewohnten Formen zu bewegen. So kann die Sprache leichter fließen, die Stimme ungezwungen schwingen.
- Formen und Gliederungen machen unsere Rede erst nachvollziehbar. Unsere ganze Kommunikation beruht auf Formen, Worte, Sätze, aber auch Mimik und Gestik stellen Formen dar, die unserem Gegenüber bekannt sein müssen, damit wir verstanden werden. Im auditiven Bereich sind Formabläufe und Gliederungen besonders von Bedeutung, da sie helfen, den flüchtigen Klang zu ordnen und zu speichern. Man höre sich nur ein Beispiel aus dem Jazz an: die klare musikalische Form des Themas ist leicht zu merken, eine Improvisation, bei der die Formteile noch zu erkennen sind, auch noch. Die Improvisation, die musikalische Einschnitte jedoch überspielt, lässt nur den harmonisch geübten Hörer noch den Zusammenhang zum Thema nachvollziehen.

Einer akustisch nachvollziehbaren Gliederung bedarf nicht nur die lange, ausgearbeitete Rede. Auch die kurze Ansprache z.B. vor Eltern und der noch kürzere Unterrichtsvortrag vor der Klasse will strukturiert sein. Für alle langen wie kurzen Vortragssituationen gilt:

Komposition und Interpretation eines Vortrags

- motivieren – strukturieren – aktivieren
  Motivieren des Publikums, dass es zuhört und Interesse zeigt – Strukturieren der Inhalte, damit sie verstanden werden – Aktivieren der Zuhörer, dass sie das Gehörte behalten, verarbeiten oder in eine Handlung umsetzen.
- und auch dies wieder in kleinen, akustisch nachvollziehbaren Schritten.

Um diese kleinen, akustisch nachvollziehbaren Schritte zu gehen, ist es nicht nur erlaubt, sondern geradezu förderlich

- dass man Inhalte redundant wiedergibt, sie mit anderen Worten umschreibt oder Satzteile wörtlich wiederholt
- dass man Sätze auch unvollständig lässt, dem Zuhörer quasi die Ergänzung überlässt
- dass man auch plakativ sprechen darf: in Titeln, in Aufzählungen, die sich der gleichen Satzstruktur, gleicher Satzanfänge oder gleicher Wortgruppen bedienen. Unterstützt von „musikalischen" Mitteln wie z.B. der entsprechenden Zäsur bauen diese in den Raum gestellten Worte eine höhere Spannung auf als lange Sätze.
- Und es ist außerdem für den Redner und den Zuhörer von großem Nutzen, wenn man den Anfang den Zielsatz und den Schluss klar und ohne weiter Umschreibungen formuliert, am Anfang also nicht erlautert, dass man jetzt beginnen wolle und am Ende nicht „nachkleckert". Es empfiehlt sich diese Sätze auswendig zu lernen und sich laut vorzusprechen.

Wie eine Gliederung akustisch nachvollziehbar wird, zeigen uns einige in der Musik üblichen Formen:

- In der Da-Capo-Form (A – B – A) wird der Anfangsgedanke nach einem gegensätzlichen Teil wieder aufgenommen und bleibt so in Erinnerung.

Komposition und Interpretation eines Vortrags

- Das Rondo (A-B-A-C-A-D-A ...) wiederholt nach neuen gedanklichen Einschüben in gleichförmiger Weise immer wieder den Anfangsgedanken (z.B. die Ausgangsfrage oder den Zielsatz einer Rede)
- Die Sonatenhauptsatzform (Exposition – Durchführung – Reprise) stellt zwei gegensätzliche Gedanken vor, verarbeitet diese dialektisch und führt beide im Schluss näher zusammen.

Die drei musikalischen Formbeispiele lassen sich durchaus auch als Redemodelle verwenden. Speziell für den Sprachgebrauch findet sich jedoch noch eine weitaus größere Zahl von Gliederungsmöglichkeiten. Vier davon seien hier zum Üben vorgestellt; sie haben gemeinsam,

- dass sie einen *inhaltlichen* Entwicklungsbogen spannen und
- dass sie einen Bogen *vom Redner zum Hörer* spannen, also hörerzentriert sind.

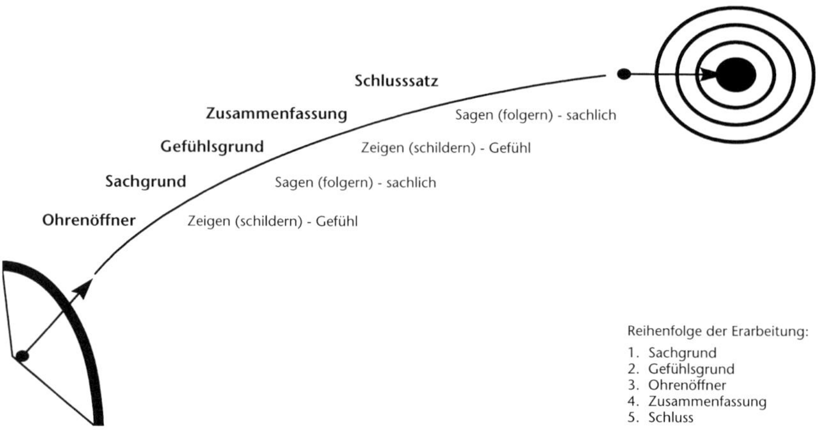

Arbeitsblätter zur Redegliederung (Kopiervorlagen)

Zur Übung mit den folgenden Arbeitsblättern empfiehlt es sich,

- jeweils ein Modell auszuwählen,
- die Doppelseite zu kopieren,
- Stichpunkte zu den einzelnen Gliederungspunkten zu notieren,
- wichtige Sätze (Zielsatz, rhetorische Frage, Schlusssatz etc.) auszuformulieren und
- den Text Gliederungspunkt für Gliederungspunkt anhand der Stichpunkte frei zu sprechen.

1. Arbeitsblatt zur Redegliederung

Einleitung:

OHRENÖFFNER — Gewinn der Aufmerksamkeit (des Wohlwollens)
Zitat, Schmeichelei, Fallstudie, Geschichte, Erlebnis
gegebenenfalls Vorwegnahme gegnerischer Einwände

↓

Zielsatz — Thema, Kernfrage
Überleitung (wenn nötig)

Mittelstück:

SACHGRUND — sachlich, Fakten, Fachausdrücke

↓

GEFÜHLSGRUND — „innere Anteilnahme“, „Gefühlsspritze“, Ansprechen von Erfahrungen …

Schluss:

ZUSAMMENFASSUNG – kurz und klar,
Aufzählung, Anaphern …

↓

SCHLUSSSATZ — Aufruf, Appell
Achtung! Mut zum Schluss! Nicht nachklekkern!

Komposition und Interpretation eines Vortrags

2. Arbeitsblatt: AIDA

A
attention
Aufmerksamkeit ____________________________

I
interest
Interesse ____________________________

D
desire
Drang nach weiteren Informationen ____________

A
action
Aktion ____________________________

3. Arbeitsblatt: Die Fünf-Stufen-Methode (nach Wittsack):

- **Warum spreche ich?**

- **Was ist?**

- **Was müsste sein?**

- **Was ließe sich erreichen?**

- **Aufforderung zum Handeln?**

4. Arbeitsblatt: Didaktischer Fünfschritt (nach Dewey):

- **Man begegnet einer Schwierigkeit**
  Stufe des Staunens und Betroffenwerdens – *Zeigen und Selbertun*

- **Sie wird lokalisiert und präzisiert oder definiert**
  Erarbeiten der Frage- und Problemstellung – *Zeigen und Sagen*

- **Ansatz möglicher Lösungen**
  Erarbeitung der Problemlösung – Analyse und Synthese – *Zeigen und Sagen*

- **Logische Folgen dieses Ansatzes**
  Ebene der Abstraktion, der Strukturen und Gesetze – *Sagen*

- **Weitere Beobachtungen**
  Erprobung der Lösung, Sicherung und Transfer – *Zeigen und Selbertun*

Komposition und Interpretation eines Vortrags

Das Wichtigste im Überblick

Übersicht über die Rettungsinseln für die Stimme

Lockere und doch gespannte Haltung des ganzen Körpers

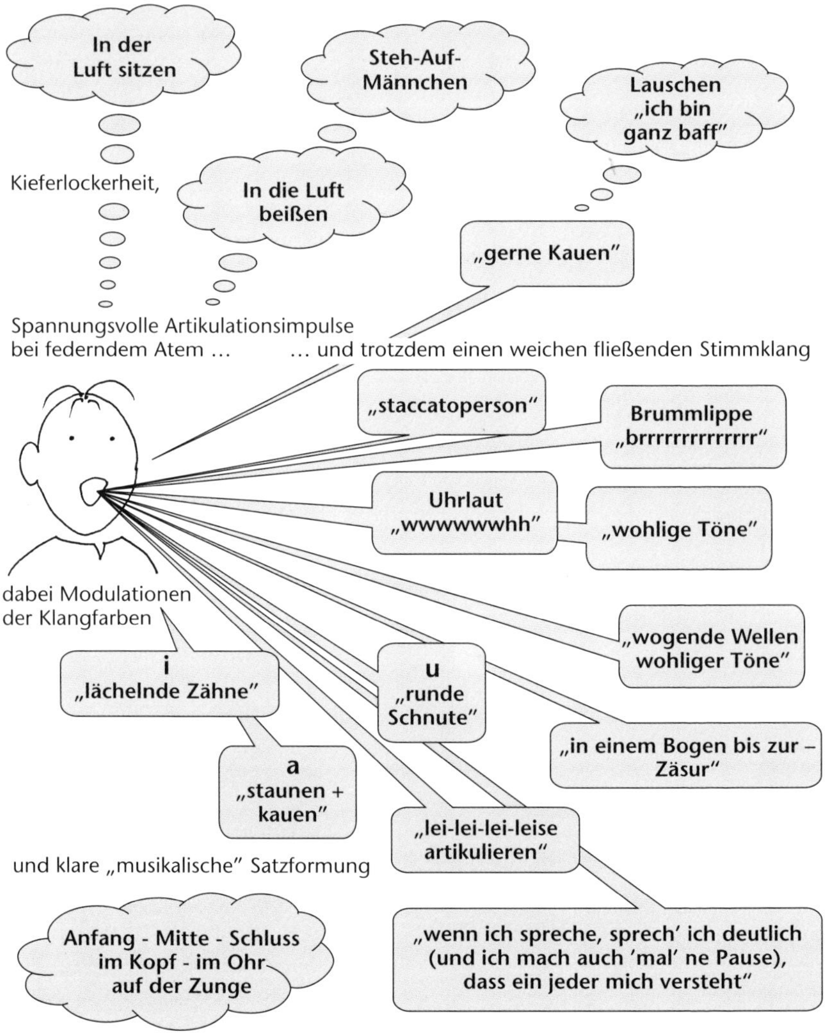

Das Wichtigste im Überblick

Diagnose zur Sprecheranalyse

Der **Diagnosebogen** auf der nächsten Seite ist als Analysehilfe für den Stimmbildner und Sprecherzieher konzipiert. Er kann aber auch dem Lernenden als Übersicht darüber dienen, welche Einzelfaktoren den Vortrag positiv oder negativ beeinflussen und so eine Reflexionshilfe beim Betrachten einer Videoaufnahme des eigenen Vortrages oder Unterrichts darstellen.

Der Diagnosebogen soll nicht dazu verleiten, alle Punkte im Vortrag berücksichtigen zu wollen; dies würde eher zu Verkrampfungen führen. Denkbar ist allerdings durchaus, dass man sich, ähnlich wie bei den „Rettungsinseln für die Stimme" für jeden „Sprechtag" jeweils einen Punkt vornimmt und sein Augen- oder „Ohrenmerk" darauf lenkt.

Das Wichtigste im Überblick

Diagnosebogen:

Haltung				
1. Beine	steif			beweglich/ nicht fixiert
2. Oberkörper	nach hinten			leicht nach vorne
3. Arme	am Körper			frei
4. Schultern	hochgezogen			locker
5. Hals	verspannt			locker
6. Nacken	abgeknickt			gestreckt
7. Kinn	hochgezogen			gesenkt
Atmung				
1. Brustkorb	eingefallen			erhoben
2. Bauch	fest/spannungslos			beweglich
3. Atemgeräusch	hörbar			nicht hörbar
4. Atembewegung	Hochatmung			Tief-Kombi- atmung
Artikulation				
1. Kiefer	fest			locker fallend
2. Zunge(nwurzel)	verspannt			locker, beweglich
3. Mundform	„traurig“			„lächelnd“
4. Verschlusslaute	spannunglos			explosiv
5. Reibelaute	spannungslos			geführt
6. stimmhafte Laute	stimmlos			stimmhaft
7. Art.bewegung	gering			stark
8. Brummlippe	nicht möglich			möglich
9. „staccatoperson“	nicht möglich			möglich
8. Verständlichkeit	undeutlich			deutlich

Das Wichtigste im Überblick

Stimmklang				
1. Stimmschluss	Beiluft (heiser, verhaucht)			keine Beiluft (klar)
2. Klang	hart, rauh			elastisch, weich
3. Register	einseitig			gemischt
4. Stimmführung	monoton			modulierend
5. Stimmsitz	im Hals (kehlig)			Vordersitz
6. Dialekt	belastend			nicht belastend
„musikalische“ Gestaltung				
1. Lautstärke	zu laut / leise			angemessen/ variiert
2. Sprechtempo	zu langsam / schnell			angemessen/ variiert
3. Tonhöhe	zu tief / hoch			modulierend
4. Klangfarbe	einfarbig			modulieren
4. Phrasierung	„stop and go“			Zäsur und Bogen
sprachliche Gestaltung				
1. Partikel (äh...)	viele			keine
2. Füllwörter	viele			keine
3. Schwerpunkte	undeutlich			hervorgehoben
4. Redeaufwand	zu groß / gering			angemessen
Redeaufbau				
1. Einleitung	nicht erkennbar			Ohrenöffner
2. Zwecksatz	nicht erkennbar			erkennbar
2. Mittelstück	durcheinander „Gulasch“			geordnet, „Schaschlik“
3. Zusammenfassung	verwirrend			zwingend
4. Schlusssatz	ungezielt			gezielt

Voraussetzungen für die „musikalische“ Rede

Zusammenfassend darf noch einmal daran erinnert werden, dass der wirkungsvolle Redner sich nicht nur um den Inhalt seiner Aussagen bemüht, sondern auch um die „musikalische Übermittlung“ dieser Inhalte.

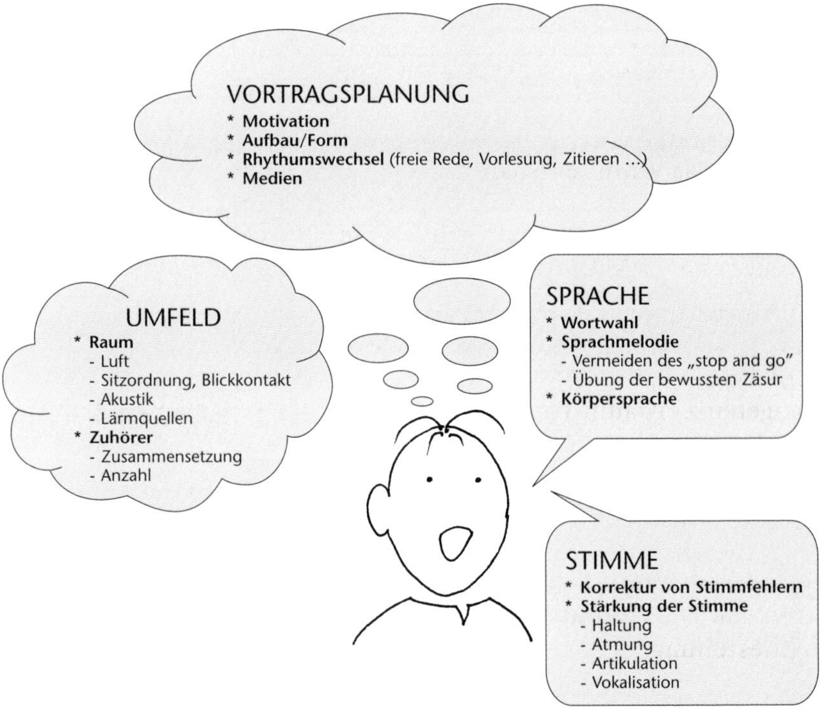

Das Wichtigste im Überblick

Erste Voraussetzung für diese „musikalische" Übermittlung ist ein funktionstüchtiges Instrument, das die Feinheiten der Interpretation wiederzugeben vermag. Dieses Instrument muss nicht perfekt sein und schon gar nicht einem einheitlichen Ideal entsprechen, doch sollte dem Sprecher seine Pflege, seine „Stimmung", seine lockere Geläufigkeit und seine klangliche Vielfalt ein wichtiges Anliegen sein. Wer *mit* der Stimme arbeitet, muss auch *für* die Stimme arbeiten, denn der Klang des Instrumentes „Stimme" erreicht das Unterbewusstsein des Zuhörers und gewinnt seine Sympathie.

Zweite Voraussetzung ist die Sensibilität für den musikalischen Umgang mit Sprache. Dies beginnt bei der Wortwahl: Nicht jedes Wort suggeriert dem Zuhörer in gleichem Maße seinen Inhalt. So hat z.B. das Wort „entspannt" keine lyrische und damit musikalische Qualität, da es von den Lauten („sp", Doppel-„n") noch die Spannung von „gespannt" in sich trägt. Ein Wort wie „ruhig" oder „ausgeruht" würde den Zustand klanglich besser wiedergeben.

Die Sprachmelodie und -rhythmik ist nicht nur entscheidend dafür, wieviel der Zuhörer vom Gesagten akustisch nachvollziehen und behalten kann, sondern auch, ob er sich gerne und über einen längeren Zeitraum vom Sprecher in dessen Gedankenwelt entführen lässt.

Dieses „Ver-führen" eines Auditoriums in die eigene Gedankenwelt des Redners will aber gut geplant sein. Der Zuhörer möchte angesprochen und motiviert werden, über den Verstand wie auch über das Gefühl. Er braucht klare Strukturen und bedarf dazu in der heutigen multimedialen Zeit manchmal auch einer visuellen Hilfestellung.

Was und wie viel der „Empfänger" letztlich benötigt, hängt aber nicht nur von ihm, sondern auch von der Qualität des „Senders" ab; ist dieser stimmlich und sprachlich brillant, so kann er ein Auditorium auch eine Stunde lang fesseln, ist er eher ungeübt, dann hilft er seinem Publikum und sich, wenn er unterschiedliche Medien einplant und bei der Vorbereitung seines Vortrages genau überlegt, wann er diese, wie auch Zitate oder gelesene Abschnitte einsetzt, um sich von der Anstrengung des freien Formulierens zu erholen.

Im Allgemeinen gilt, dass sich das Wohlbefinden von Redner und Zuhörer gegenseitig bedingt. Damit der Hörer sich wohlfühlen kann, muss der Redner also auch an sich denken und seinen Vortrag nach seinen Bedürfnissen einrichten.

Auf die Bedürfnisse von Sprecher und Zuhörer sollte auch das Umfeld, also der Vortragsraum abgestimmt sein.

Traditionsgemäß werden Klassenzimmer und Lehrsäle meist rechteckig konstruiert. Der Raum im „Schuhkartonformat" bringt zwar, wie berühmte Konzertsäle beweisen, akustische Vorteile mit sich, auch begünstigt er den Blick aller auf Tafel oder Projektionsfläche, dem Redner hilft er jedoch wenig: über zu viele Köpfe muss er wegsprechen, zu viele Gesichter bleiben hinter Vordermännern oder -frauen verborgen. Viel unmittelbarer spricht er dagegen seine Zuhörer an, wenn diese sich in möglichst wenig Reihen im Halbkreis um ihn scharen. Viel leichter erreichen ihn auch die, oft nur mimischen, Rückmeldungen und Reaktionen.

Ist die Zahl der Hörer größer, erzielt man diesen uneingeschränkten Kontakt nur, wie seit dem Theater der Antike bewährt, durch ein abgestuftes Auditorium.

Die physische und psychische Belastung in Sprechberufen ist heute größer als zu früheren Zeiten. Ein Grund dafür ist die höhere Lärmproduktion in der Umwelt. So handelt der professionelle Sprecher nicht nur im Sinne der „Umwelthygiene", sondern auch im Sinne der „Stimmhygiene", wenn er sein Umfeld auf Lärmquellen hin untersucht. Man kann sich das Leben schon um einiges erleichtern, wenn man solche Lärmquellen wie wackelnde Stühle, Tische ohne Gleitfüße oder lockere Ablagen für Taschen etc. beseitigt.

Wesentlich belastender als eine Lärm erzeugende Raumausstattung ist es für den Redner noch, wenn der Geräuschpegel unmittelbar vom Zuhörerkreis in die Höhe getrieben wird. Selbstverständlich wird er sich in so einem Fall selbstkritisch fragen, ob er seinen Vortrag, bzw. seinen Unterricht zu sehr auf sich und zu wenig auf sein Publikum ausgerichtet hat, ob er zu lange oder zu gleichförmig spricht oder ob er über die Köpfe seiner Zuhörer hinweg redet.

Er darf aber auch kritisch fragen, ob es seinem Publikum an Zuhör-, und Kommunikationsfähigkeiten mangelt, woher diese weit verbreitete Mangelerscheinung kommt und wie man diesen Mangel beheben könnte.

Denn Stimme und Sprache können faszinieren und fesseln, können vermitteln und helfen, aber nur , wenn sie auf ein offenes Ohr treffen.

Das Wichtigste im Überblick

Zum Abschluss noch einige schnelle **Tipps für die beanspruchte Stimme**:

Zu Hause
- Richten sie ihren Vortrag auch nach Ihren Bedürfnissen ein. Planen Sie z.B. stimmliche Entspannungspausen für Ihre Stimme durch den Einsatz moderner Medien oder das Erteilen von Arbeitsaufträgen ein.
- Wärmen Sie Ihre Stimme wie der Sportler seine Muskeln vor dem Auftritt auf. Bringen Sie den Atem durch leichte Kniebeugen in Bewegung. Die Atemimpulse stuppsen einen entspannten Dauerton „w" an.
- Schneiden Sie Grimassen vor dem Spiegel und entspannen Sie dann wieder Ihre Artikulationsorgane.

Vor dem Vortrag
- Kontrollieren sie die Luft im Vortragsraum.
- Achten Sie auf den Blickkontakt zu möglichst vielen Zuhörer. Scharen Sie Ihre Zuhörer in wenigen Reihen im Halbkreis um sich und lassen Sie sich nicht hinter Ihren Vordermännern und – frauen verstecken.
- Führen Sie Ihre Vorbereitungen im Vortragsraum in Ruhe aus. Lassen Sie sich nicht „belagern". Für Fragen muss früher oder später Zeit sein.

Während des Vortrages
- „Spielen" Sie Ihre Rolle als Vortragender; Sie sind Profi, treten Sie einen Schritt neben sich und verlieren Sie Ihre Hemmungen.
- Nutzen Sie dazu jede Gelegenheit, um gewohnte Sprechmuster aufzugeben (Zitieren, Vorlesen von Abschnitten, Sätze in einer Fremdsprache usw.).
- Verlangen Sie von Ihren Artikulationswerkzeugen mehr als von Ihrer Stimme (mehr Kieferbewegung, weniger Lautstärke).
- Denken Sie nicht an zu viele „Rettungsinseln" auf einmal. Dies könnte Sie eher verkrampfen.

Das Wichtigste im Überblick

- Kontrollieren Sie zuerst Ihre Haltung. Wenn das klappt, „implantieren" Sie sich eine Hilfestellung nach der anderen in Ihr Gedächtnis.
- Lauschen Sie Ihren Worten und den Reaktionen der Zuhörer; Sie wirken so zuhörerorientiert und entspannen Ihre Stimme.
- Modulieren Sie die Klangfarben; wechseln sie vom warmen Erzählton („runde Schnute") zum hellen Klang der präzisen Darstellung („lächelnde Zähne") und von der dogmatischen Wort für Wort Betonung zur fließenden Melodie der Selbstverständlichkeit.
- Lassen Sie sich nicht von außen zum lauten Reden provozieren. Das leise, aber gut artikulierte Wort wirkt viel eindringlicher.
- Räuspern Sie sich nicht, wenn Ihre Stimme belegt ist. Die Stimmlippen schützen sich vor diesem „Gewaltakt" indem sie neuen Schleim produzieren. Husten Sie lieber oder noch besser: Wärmen Sie Ihre Stimme zu Hause auf.
- Werfen Sie, wenn Sie „die Stimme erheben" wollen, die Worte ganz bewusst im Bogen in den Raum.
- Lassen Sie sich nicht im Satz unterbrechen; es sind die kleinen Unterbrechungen, die krank machen. Geben Sie trotzdem, indem Sie Fragen stellen und Zäsuren in Ihrem Vortrag einplanen, Ihren Zuhörern möglichst viele Gelegenheiten zur Rückmeldung.

Literaturverzeichnis

Vera Balser-Eberle, Sprechtechnisches Übungsbuch, Österreichischer Bundesverlag für Unterricht, Wissenschaft und Kunst, Wien 1950

Heinz Benker (Hrsg.), Lied & Song, Max Hieber-Verlag, München 1976

Lewis Carrol, Alice hinter den Spiegeln, Insel Verlag, Frankfurt 1998

August Everding, Zur Sache, wenn's beliebt. Reden, Vorträge und Kolumnen, Heyne-Verlag, München 1996

Heinrich Fey, Gudrun Fey, Redetraining als Persönlichkeitsbildung, Walhalla-Verlag, Berlin-Bonn-Regensburg 1993

Karl Foltz, Ricke Ticke, Möseler Verlag, Wolfenbüttel 1974

Günther Habermann, Stimme und Sprache. Eine Einführung in ihre Funktion und Hygiene, Georg-Thieme-Verlag, Stuttgart 1978

Ernst Haefliger, Die Singstimme, Hallwag-Verlag, Bern 1983

Lisl Hammaleser / Richard Taubald, Musicassette für die 5. Jahrgangsstufe, Ausgabe B, Bayerischer Schulbuch-Verlag, München 1993

Karl Haus, Lied International, Bayerischer Schulbuch Verlag, München 1986

Marie-José Hinnewinkel, Jean-Claude Hinnewinkel, Jean-Michel Sivirine, Marc Vincent, Histoire cours moyen, Editions Nathan, Paris 1986

Dietrich Fischer-Dieskau, Texte deutscher Lieder, Deutscher-Taschenbuch-Verlag, München 1980 (5. Aufl.)

Ursula Hirschfeld, Einführung in die deutsche Phonetik, Hueber-Verlag, München

Frederick Husler / Yvonne Rodd-Marling, Singen. Die physische Natur des Stimmorganes, Schott-Verlag, Mainz 1965

Ernst Jandl, Laut und Leise, Reclam-Verlag, Stuttgart 1991

Ernst Jandl, Sprechblasen, Reclam-Verlag, Stuttgart 1979

Paul Lohmann, Stimmfelder Stimmberatung, Schott-Verlag, Mainz 1938/1966

Franziska Martienßen-Lohmann, Ausbildung der Gesangsstimme, Erdmann-Verlag, Wiesbaden 1957

Franziska Martienßen-Lohmann, der wissende Sänger, Atlantis-Verlag, Zürich 1956

Bild- und Textnachweise

Seite	Bild/Text	Entnommen aus:
10	Anatomie/ Orgel	Günther Habermann, Stimme und Sprache. Eine Einführung in ihre Funktion und Hygiene, © Georg-Thieme-Verlag, 3. Auflage, Stuttgart 2001
11	Kehlkopf/ Aufsicht	Günther Habermann, Stimme und Sprache. Eine Einführung in ihre Funktion und Hygiene, © Georg-Thieme-Verlag, 3. Auflage, Stuttgart 2001
13	Kehlkopf/ Seitenansicht	
14	Schwingungsablauf der Stimmlippen	Wolfram Seidner / Jürgen Wendler, Die Sängerstimme, © Henschel Verlag, Berlin 1995
24	Tanzender Shiva	Museum Rietberg Zürich (Fotograph: Wettstein & Kauf)
25	Haltung / Vergleich	J. Parow, Atemfibel, Hippokrates-Verlag, Stuttgart 1967, © Anneliese Parow, Lenzkirch
33	Zwerchfell	Günther Habermann, Stimme und Sprache. Eine Einführung in ihre Funktion und Hygiene, © Georg-Thieme-Verlag, 3. Auflage, Stuttgart 2001
34	Atembewegung	J. Parow, Atemfibel, Hippokrates-Verlag, Stuttgart 1967, © Anneliese Parow, Lenzkirch
54	Vokalformung	Günther Habermann, Stimme und Sprache. Eine Einführung in ihre Funktion und Hygiene, © Georg-Thieme-Verlag; 3. Auflage, Stuttgart 2001
68	„Gibst du mir einen Apfel?“	Lisl Hammaleser / Richard Taubald, Musicassette für die 5. Jahrgangsstufe, Ausgabe B, S. 95, © Bayerischer Schulbuch-Verlag, München 1993
74	„du du kippo kappo“	Karl Foltz, Ricke Ticke, © 1974 Möseler Verlag Wolfenbüttel
76/77	„Das Orchester“/ „Fußballreport“	Heinz Benker. Mit Auftakt hebt die Sache an, 22 Sprechstücke für den

		Schulgebrauch, © Max Hieber Verlag München 1985
79	„Ein Frühlingslied“	Karl Haus, Lied International, S. 245, © Bayerischer Schulbuch Verlag München 1986
80	„Maschinenhalle“	Heinz Benker. Mit Auftakt hebt die Sache an, 22 Sprechstücke für den Schulgebrauch, © Max Hieber Verlag München 1985
81	der und die	Ernst Jandl, poetische werke, hrsg. Von Klaus Siblewski, Band 3 (sprechblasen & verstreute gedichte 3) © 1997 Luchterhand Literaturverlag GmbH München
83	Modell einer einfachen Strophe	Ernst Jandl, poetische werke, hrsg. Von Klaus Siblewski, Band 3 (sprechblasen & verstreute gedichte 3) © 1997 Luchterhand Literaturverlag GmbH München
94	Der Zipferlake	Lewis Carrol, Alice hinter den Spiegeln, © Insel Verlag, Frankfurt 1998
100	Freie Rede darf Menschen nicht unfrei machen	August Everding, Zur Sache, wenn's beliebt. Reden, Vorträge und Kolumnen, © 1996 by Wilhelm Heyne Verlag GmbH & Co.KG, München
108	Gedenkrede zur Reichspogromnacht	J. Müller (Hrsg.), die besten Reden von A bis Z, © Verlag für deutsche Wirtschaft AG, Bonn 1999
Illustration der „Kopf-Symbole“ (Hören, Verstehen, Üben)		Hubert Drebinger, Veitshöchheim

Inhalt der CD „Die klingende Seite der Rhetorik“